Découverte de

# CORINTHIENS

# Découverte de CORINTHIENS

## ÉTUDE BIBLIQUE ET CONCOURS BIBLIQUE POUR LA JEUNESSE

### PAR

### GENE SANFORD & BAREFOOT MINISTRIES

## Publications Nazaréennes des Caraïbes

Miami, Florida (ETATS-UNIS)

 ISBN 978-1-56344-568-2

Rédaction et contexualisation par Monte Cyr

Sauf indications contraires, les références bibliques citées sont tirées de
La Bible (Version Louis SEGOND).

# Sommaire

# Guide de l'utilisateur pour la découverte de Corinthiens

*La découverte de Corinthiens* est plus productive dans un dispositif « Groupe Découverte ». Un Groupe Découverte est un groupe de jeunes engagés à grandir dans la Parole de Dieu, se rencontrant régulièrement pour un moment consacré à l'étude et au partage.

Le recours au Groupe Découverte est décrit de façon plus détaillée dans la section suivante du présent guide.

Il se présente également comme un important manuel d'exercice d'étude de groupe pour des jeunes participants à des compétitions bibliques.

Voici quelques idées directrices pour contribuer à faciliter l'utilisation de votre Manuel *A la découverte de Corinthiens* :

- Cette étude est divisée en 13 cours. Chaque cours destiné au Groupe d'étude est conçu pour durer approximativement 45 minutes. Cette étude biblique est supposé être une petite partie d'un plus grand ensemble de sessions qui inclue les partages de votre groupe de jeunes, les inspirations de vos moments d'étude personnel de la Parole (si vous utilisez un lecteur de la Bible) mais englobant également des évènements et des activités organisé toute une semaine durant qui s'achèverait par la prière. Une rencontre d'une heure ou d'une heure trente constituerait un moment adéquat pour intégrer tous ces éléments.

- Chaque session du Groupe d'étude couvre une portion spécifique des Actes des Apôtres et identifie également un verset clé destiné à être mémorisé par vous et les équipiers.

- Ce guide du conducteur vous donne également un plan complet pour les séances destinées à l'ensemble des séquences d'étude biblique pour vos réunions hebdomadaires. Chaque séquence contient des éléments suivants destinés à vous assister dans la préparation et dans la présentation.

✓ **Objectifs de la leçon** et **Perspective** : Ces rubriques vous aideront à cerner et à comprendre les points essentiels du chapitre abordé.

✓ **Contexte biblique** : Cette longue partie vous procurera des informations complémentaires qui élargiront votre compréhension du passage qui sera discuté.

- Le temps d'étude du groupe est supposé avoir lieu au travers de la structure du temps activités. Après que vous soyez préparés vous-même en étudiant l'objectif, la perspective et l'arrière-plan Biblique du passage, lisez le support de la séquence du jour afin de développer une compréhension de ce que vous attendez comme réponses à venir du groupe pendant le temps d'étude. Assurez-vous que vous cernez exactement ce qui est supposé être dit au moment de chaque activité ; rappelez-vous, également, que ses activités sont destinées à vous venir en aide. Sentez-vous libre de les ajuster à votre gré pour l'adapter à l'environnement de votre groupe, aux ressources, et/ou au créneau horaire.

- En ce qui concerne les activités du groupe, vous trouverez des instructions spécifiques soient qui commence par « Dites » ou qui sont imprimés en *italiques*. Ceci ne veut pas dire que vous devez citer aux compétiteurs chaque passage mot à mot. Nous avons mis à votre disposition sur intérieur uniquement comme un manuel qui vous permette d'y puiser ce que nous recommandons comme informations à l'égard de votre groupe.

- Chaque séquence vous fournit quatre activités, chacune a pour objectif de conduire vos apprentis compétiteurs bibliques à une rencontre avec la Parole à partir d'une certaine perspective. Ses activités ont pour devise : abordez la Parole, explorez la Parole, examinez la Parole et vivez la Parole. Les activités organisées en séquences

sont destinées à vous fournir des options solides d'enseignement sans toutefois mettre de côté votre créativité personnelle. Adaptez et retaillez les sessions afin de vous permettre d'aller à la rencontre à la fois des besoins et des personnalités de votre groupe.

- Les étudiants de la Parole sont encouragés à garder leur cahier de notes personnelles qui les accompagnera durant leurs lectures et leurs études tout au long des semaines qui suivront. Parlant chaque réunion de groupe d'études, il leur sera souvent demandé de réfléchir par écrit. Encourager chaque groupe de jeunes à avoir un bloc-notes qui servira de journal vous empêchera d'avoir à fournir à chaque séance des feuilles blanches.

Le point de départ de votre voyage initiatique au travers de ses livres de la Bible est la Parole elle-même. Parcourez donc entièrement ces livres avant de commencer vos études bibliques. Ensuite utilisez ce manuel du moniteur pour vous familiariser avec leurs contenus.

# Guide pour les groupes de découverte

Un ministère efficace d'étude biblique en petits groupes pour la jeunesse d'une église locale devrait commencer avec un Groupe découverte. Le Groupe découverte est important pour les raisons suivantes :

- Le partage de l'acceptation du Seigneur

- L'enseignement par exemple

- Le tissage de liens personnels

- Le façonnage par la formation des disciples dans un mode de vie réel.

Il y a plusieurs manières de commencer un groupe découverte dans votre église locale. La meilleure manière est d'inviter tous vos jeunes à s'impliquer. Utiliser des affiches et des moyens publicitaires pour faire l'annonce de vos trois semaines à l'avance afin de faire passer le mot au sujet du groupe. Quant à et des personnes dont vous vous sentez qu'ils tireront un profit spécial de cette étude. Établissez un contact personnel avec ceux dont vous vous pensez qu'ils s'envoleront dans le groupe de compétitions bibliques de l'année suivante, tout en les encourageant à se joindre au groupe de découverte.

Une autre possibilité de constituer un groupe découverte est de recruter des jeunes qui sont solidement engagées à devenir ce que Dieu veut qu'ils soient. Cette jeunesse très motivée répondra très souvent plus rapidement présent à être formée que les jeunes chrétiens apprentis qui sont au début de leur phase de maturation spirituelle. Cette approche de la formation est biblique et s'avère appropriée pour le développement du leadership et l'entraînement ; si vous n'en êtes pas convaincu, passer du temps à lire les Évangiles en faisant attention à l'approche que Jésus à opté dans la formation des 12 disciples.

Mais rappelez-vous, que chaque chrétien a besoin d'être formé et qu'il doit appartenir à une chaleureuse et accueillante association. Dans un tel groupe aimant animé par un esprit de camaraderie où les disciples partagent tout de même cœur, ils commenceront à saisir la vision de leur potentiel et commenceront à développer un goût pour aller chaque fois plus haut et plus loin..

Dans la plupart des églises, les jeunesses se regroupent en un seul petit groupe. Si vous avez besoin de plus d'un groupe, pensez cependant à constituer différents groupes en fonction des différents niveaux d'engagement spirituel.

Vous constituerez un groupe à former intensément et ensuite vous constituerez d'autre groupe concernant ceux qui ne sont pas encore prêts pour l'engagement total requit à ce stade. Au lieu de répartir arbitrairement les jeunes au sein de groupe, vous veillerez à mettre en place des conditions favorisant des liens pour renforcer le groupe. Ses conditions comprendront l'assiduité aux séances, la prise de notes, l'étude biblique, le souci de rendre des comptes, et bien d'autres aspects.

Tout groupe de découvertes devra faire preuve d'un certain niveau **d'engagement**. Le minimum visible d'un engagement est une participation régulière aux

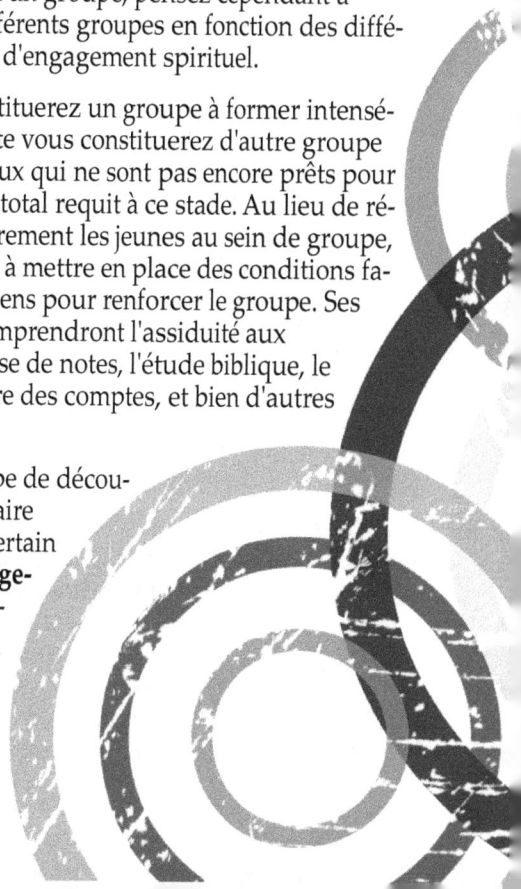

séances de groupe. Afin d'instaurer une confiance mutuelle au sein du groupe, les membres doivent apprendre à se connaître les uns les autres. Si un membre du groupe commence à venir sporadiquement, lui ou elle deviendra presque étranger au reste du groupe... du moins au stade d'un partage possible au sein du Groupe découverte. La présence d'un élément peu intégré réduira immédiatement le niveau de confiance au sein du groupe, limitant l'ouverture des partages. Évidemment, quelques absences sont inévitables. Mais l'engagement requit ici concerne chaque membre du groupe qui doit faire de son implication une très haute priorité afin d'assurer une participation régulière aux activités du groupe. Une discussion au sujet de la priorité de l'implication de chacun peut s'avérer utile dans les premières semaines qui suivront la formation du groupe.

Quel est le meilleur moment pour réunir le groupe découverte? À nouveau, cela dépend de vos objectifs et de la personnalité de votre groupe. Certains jeunes peuvent s'engager à se réunir en soirées en semaines alors que d'autres trouveront plus appropriées de se réunir un après-midi en fin de semaine.

Combien de temps devra exister le Groupe découverte? Aussi longtemps que les jeunes enrôlés demeureront engagés. Certains groupes ont achevé le cycle annuel. Au terme des 13 semaines d'études tires du Cahier d'exercices Séries découvertes, ils ont travaillé chapitre par chapitre les autres livres de la Bible ou ont débuté un nouveau Cahier d'exercices Séries découvertes.

Il est généralement préférable de conduire le groupe sur 13 semaines. Après l'achèvement de l'étude il se pourrait que vous vous vouliez prendre part à un autre Groupe découverte.

Si c'est le cas, mettent à leur disposition un autre moniteur. Certains jeunes du groupe initial voudront certainement continue alors que d'autres seront intéressés par d'autres activités. Si vous ne pouvez plus continuer en tant que moniteur, assurez-vous qu'un autre adulte leader soit disponible pour prendre le relais.

Comment conduire l'étude biblique du Groupe de découverte? Le dirigeant d'un petit groupe est quelqu'un qui a la capacité de réunir facilement un groupe. Lui où elle fait évoluer le groupe, le remet sur les rails quand il commence à s'éloigner du sujet, encourage la participation dans les groupes de discussions et d'activités.

Dans le chapitre Etude biblique des séances du Groupe de découverte, le rôle du moniteur est d'aider les membres du groupe à découvrir par eux-mêmes les enseignements des écritures -- et les applications pratiques de ces dernières dans leur vie -- et par voie de conséquence encouragé ses membres du groupe à poursuivre en étant obéissants. Le rôle du leader du groupe n'est pas d'incarner l'autorité qui dicte aux membres du groupe ce que veut dire la portion de la Parole ni comment elle va s'appliquer à leur vie. Il ou elle doit résister à la tentation de faire des exposés magistraux. Ce guide du moniteur présente des suggestions spécifiques pour chaque séance afin d'aider le leader à servir de facilitateur efficace pour les études bibliques.

En même temps, si le moniteur du groupe de découvertes n'est pas un dictateur, il ou elle est cependant une autorité. Cette autorité, est en outre une autorité spirituelle qui découle de l'authenticité de sa vie de leader. Les jeunes suivent le leader non parce que le leader s'impose lui-même ou elle même mais à cause du type de personnes qu'il où qu'elle est.

Ne découragez pas si certaines semaines le groupe semble spécialement distrait ou si la cession est déroutée par la crise courante d'un jeune. Réalisez alors qu'en travaillant avec la jeunesse, vous aurez besoin d'être réaliste dans vos expectatives et que vous devrez être prêts à vous adapter. N'ayez toutefois pas peur d'intervenir pour remettre le groupe sur les rails quand le besoin se fait sentir. On peut très facilement être découragé quand on a le sentiment que le groupe ne fonctionne pas comme on le voudrait. Dans certains cas cela prend du temps de bâtir des relations. Rappelez-vous que vous avez 13 semaines à passer ensemble ! Soyez patient(e) et permettez au Saint Esprit d'œuvrer.

Rappelez-vous également que vous ne pouvez exiger de vos étudiants que la mesure de votre dévouement. Si les étudiants sentent que le moniteur de leur groupe n'est pas totalement investi lors des temps d'études, ou qu'il semble préoccupé lors des réunions ou bien qu'il ne soit pas préparé comme il faut pour les discussions, alors ils seront enclins à commencer à refléter le même niveau d'engagement. Soyez certains de passer le temps nécessaire de préparation à l'avance pour vous assurer de la solidité de vos connaissances relatives au support des sessions. Vous n'avez pas besoin de connaître toutes les questions, mais soyez prêt(e) à favoriser une discussion interactive et riche en informations.

Enfin, en tant que leader, faites en sorte que la prière pour votre groupe figure toujours dans les premiers points de la liste de vos priorités et demandez à Dieu de vous aider à être sur la même longueur d'ondes que Lui procure à mesure que vous les guidez.

# PLAN DE
# 1 et 2 CorINTHIANS

## 1 CORINTHIENS

I   Les relations avec les autres (1.1-31)

A. Les relations sont importantes (1.1-3)

B. Soyez reconnaissants pour les dons de Dieu (1.4-9)

C. Les choses qui divisent une Eglise (1.10-17)

D. La sagesse de Dieu rejette la division (1.18-24)

E. Notre appel commun nous rassemble (1.26-31)

II. La sagesse de Dieu en Christ (2.1-16)

A. La prédication de la croix nous rassemble (2.1-5)

B. La sagesse de Dieu nous unit (2.6-16)

III. La maturité spirituelle crée l'unité (3.1-23)

A. L'immaturité spirituelle divise (3.1-4)

B. Les leaders qui fonctionnent en équipe rassemblent (3.5-23)

IV. Ceux qui partagent l'Evangile (4.1-21)

A. Les intendants de la foi (4.1-5)

B. Les humbles serviteurs (4.6-13)

C. Les parents spirituels (4.14-21)

V.  Ne tolérez pas l'immoralité (5.1-13)

VI.   Ne compromettez pas le témoignage (6.1-20)

A. Etablissez vos propres différences (6.1-11)

B. Ne laissez pas votre corps vous détourner du droit chemin (6.12-20)

VII.   Le sexe, le mariage et le divorce (7.1-40)

A. Conseils pour les relations intimes (7.1-9)

B. Le mariage interreligieux (7.10-16)

C. Se satisfaire de l'état présent (7.17-24)

D. Créer la stabilité dans les temps incertains (7.25-40)

VIII.   Laissez l'amour contrôler la connaissance (8.1-13)

IX. Le modèle pour le leadership (9.1-27)

A. Mettre de côté les droits (9.1-14)

B. Le serviteur de tous (9.15-23)

C. Développer l'autodiscipline (9.24-27)

X.   Apprendre des leçons du passé (10:1-33)

A. Ne vous complaisez pas dans les cérémonies (10.1-13)

B. Ne flirtez pas avec l'idolâtrie (10.14-22)

C. Exercez la liberté dans le bon contexte (10.23-33)

## 2 CORINTHIENS

## PASSAGE BIBLIQUE

1 Corinthiens 1.1-2.16

## VERSET CLÉ

*« Car la prédication de la croix est une folie pour ceux qui périssent ; mais pour nous qui sommes sauvés, elle est une puissance de Dieu »* (1 Corinthiens 1.18).

## OBJECTIFS DE LA LEÇON

Aider les élèves à :

1. réaliser que les vérités spirituelles doivent être approchées avec une sagesse spirituelle.

2. comprendre que Dieu veut leur enseigner la vérité à la fois à travers une étude sérieuse et à travers la direction du Saint-Esprit.

3. approcher l'étude biblique avec leur esprit et avec leur cœur.

# LEÇON 1

# Folie et sagesse

## PERSPECTIVE

La Bible est un livre déroutant pour de nombreux jeunes. Elle a été écrite à une époque et en des lieux très éloignés d'eux. Le langage peut quelques fois être très compliqué. Et le livre est *si gros !*

De nombreux jeunes esquivent leur responsabilité d'étudier la Bible, préférant se contenter d'écouter ce que d'autres personnes ont à dire à ce sujet. Malheureusement, cela les mets dans une situation où ils doivent compter sur les interprétations et les idées des autres. Et ils sont sur la défensive à chaque fois que leurs croyances sont mises en cause par des non chrétiens, particulièrement lorsque ces derniers semblent parler avec intelligence et en connaissance de cause.

Cette leçon aidera vos jeunes à comprendre que la Bible est un livre « facile à lire » pour le chrétiens parce que la puissance de Dieu et la direction du Saint-Esprit, combinés à une étude responsable, peuvent mettre en lumière les merveilleux messages de la Parole de Dieu.

## CONTEXTE BIBLIQUE

Le contexte de la Bible, et les autres contextes qui suivront, couvriront entièrement les passages à étudier, bien que cette session du Groupe de Découverte ne s'intéresse qu'à une seule portion des Ecritures. Cette contextualisation a pour but de permettre au leader de comprendre les circonstances dans lesquelles s'inscrivent les passages bibliques afin qu'il ou elle soit prêt/e à l'expliquer aux jeunes.

Une des premières erreurs que font les élèves qui commencent à étudier la Bible est de penser que toutes les parties des Ecritures se ressemblent. En réalité, la Bible reflète de nombreux genres littéraires et il est important de comprendre à quel type d'écriture nous avons affaire. Dans 1 et 2 Corinthiens, nous sommes en présence d'une lettre ; à la différence des Evangiles, qui sont des récits ; ou des psaumes, qui sont des poèmes.

Une grande partie du Nouveau Testament est consacrée aux lettres de ce type, écrites par l'apôtre Paul aux Eglises et aux personnes qu'il rencontrait au cours de ses voyages missionnaires. Paul a passé 18 mois à Corinthe pendant son deuxième voyage missionnaire et il y a fondé une église.

Corinthe était une des trois villes les plus importantes de l'Empire romain, située au carrefour de deux principales routes commerciales. C'était une ville riche, connue pour ses excès et son immoralité.

Paul a écrit cette lettre, de son propre chef parce qu'un groupe de Corinthiens qui lui avaient rendu visite lui avaient rapporté des nouvelles inquiétantes au sujet de divisions dans l'église (1.11). Et également parce qu'il avait reçu de la part de l'église une lettre posant plusieurs questions spécifiques (7.1). L'église corinthienne traversait une période de troubles ! Elle était divisée en factions rivales, aux prises avec des arguments philosophiques et en proie à la confusion et à un comportement inapproprié pendant l'adoration, se débattant avec des questions pratiques concernant l'éthique et la moralité.

Alors que le Livre aux Romains est principalement théologique, 1 et 2 Corinthiens sont des lettres traitant de sujets principalement pratiques, très spécifiques, très directs et très passionnants.

Paul commence 1 Corinthiens avec ses salutations habituelles, ne laissant rien présager des mots sévères qui vont suivre (1.1-9). Puis, il se lance directement dans le traitement des problèmes dont il a entendu parler.

Au premier siècle de l'Eglise chrétienne (cette lettre a été écrite vers 54 ap. J.C.), il n'y avait pas de grandes églises ou de cathédrales. Les congrégations se rencontraient généralement dans les maisons de divers croyants. Corinthe comprenait un certain nombre de chrétiens qui, probablement pour des raisons pratiques, ont dû se diviser en plus petits groupes afin de pouvoir se réunir dans les maisons. C'est peut-être là que les problèmes ont commencé.

La nouvelle que Paul avait reçue d'une Corinthienne, Chloé (v. 11) était qu'au moins quatre factions différentes s'étaient développées, chacune d'elles revendiquant comme leader une « personnalité » différente. Un groupe se réclamait de Paul, un autre d'Apollos, un autre de Cephas (Pierre en grec) et un autre encore, tentant de supplanter les premiers, se réclamait même de la lignée spirituelle directe de Christ (v. 12).

Tout ceci perturbait beaucoup Paul, qui voyait ainsi l'église corinthienne divisée en plusieurs « dénominations ». Aux versets 13-17 il réprimande les Corinthiens sur leur conduite consistant à se réclamer d'un autre leader que Christ.

A l'instar de tous les grecs, les Corinthiens s'enorgueillissaient de leur érudition, de leurs philosophes et de leurs débats intellectuels en plein air. Paul y voyait apparemment la source de la discorde qui divisait l'église. Il est important de lire 1.18-2 :5 attentivement. Au premier abord, il semble que Paul minimise l'importance de l'érudition et de la sagesse. Mais une telle attitude ne correspondrait pas au caractère de l'apôtre, étant donné qu'il était lui-même un grand érudit. Paul rappelle simplement aux Corinthiens que le message de Christ ne se base pas sur un raisonnement philosophique pointu, mais plutôt sur une simple vérité : Dieu a revêtu une forme humaine en Christ et Il est mort pour racheter le monde. Cette simple vérité a été, en réalité, une « pierre d'achoppement » pour beaucoup (v. 23). Dans sa simplicité, ce message est une « folie » pour les érudits et les philosophes séculiers. Mais pour le chrétiens, ce n'est rien de moins que la révélation de la « puissance de Dieu » (v. 18).

La propagation de l'Eglise Primitive s'est faite principalement au sein des classes sociales inférieures. Paul y fait référence quand il rappelle aux Corinthiens que peu d'entre eux étaient « sages », « puissants » ou « nobles » (v. 26). Et pourtant Dieu les a choisis pour être porteurs du message simple de Christ. Paul lui-même, quand il était avec eux, ne s'est pas présenté comme un homme sage et puissant, mais comme un humble serviteur de Christ (2.1).

Dans 2.6-16 Paul parle de la merveilleuse vérité selon laquelle « la sagesse secrète de Dieu » (v. 7) est révélée aux croyants à travers le Saint-Esprit (v. 10). Cela ne signifie pas que la Bible est un livre mystérieux ou mystique, inaccessible pour les personnes ordinaires. Il veut plutôt dire qu'on ne comprend pas la vérité spirituelle uniquement grâce à l'intellect, mais grâce à l'interaction de l'Esprit avec l'intellect. Tous ceux qui s'engagent dans l'étude de la Bible devraient garder cela à l'esprit. Bien que rien ne puisse remplacer une recherche et une étude méticuleuse, le point de départ de l'étude biblique reste une attitude d'ouverture et de réceptivité de la direction du Saint-Esprit.

# ACTIVITÉS DE LA SESSION

## ABORDEZ LA PAROLE

### C'est l'heure de l'étude biblique !

Puisque c'est la première leçon de cette série d'études bibliques, commencez par aider vos élèves à se concentrer sur leur manière d'envisager l'étude de la Bible. La première activité décrit trois jeunes imaginaires qui se rendent à une étude biblique. Pour que cette activité soit plus vivante, demandez à trois jeunes de jouer ces rôles, complétez le tableau à l'aide de quelques accessoires et prenez la place du narrateur.

## C'EST L'HEURE DE L'ÉTUDE BIBLIQUE

Les jeunes de l'Eglise de Westgate arrivent pour la première session de leur étude biblique. Mettons-nous à la porte et regardons.

Il y a Sarah, la spécialiste, qui monte les marches de l'église en portant deux grands sacs qui semblent plutôt lourds. Dis donc, Sarah, qu'y a-t-il dans ces sacs?

« J'ai une encyclopédie biblique, un dictionnaire biblique, trois différents commentaires, un atlas de la Terre Sainte, un tableau chronologique, des guides d'étude biblique provenant de deux librairies différentes et un super programme récent d'étude biblique pour mon ordinateur, que mon frère Sam apporte avec lui. Je suis fin prête pour attaquer tous les problèmes et toutes les questions qui surgiront ce soir ! »

Et il y a Sam, le fainéant, qui se traîne le long du trottoir avec rien dans les mains à part son Nouveau Testament de poche. Hé, Sam, tu n'es pas prêt pour l'étude de ce soir?

« Tu parles que j'chuis prêt ! J'ai la Parole ici même. Qu'est-ce qu'il me faut de plus ? Je veux dire, tout ce qu'il faut faire c'est lire ce qui est écrit, n'est-ce pas ? Tout est là, noir sur blanc ! »

Et voici venir Paul, priant et trébuchant sur les pierres du trottoir parce qu'il a les yeux fermés. Ohé, Paul, que fais-tu?

« Tu ne vois pas que prie ? Nous allons étudier la Sainte Bible ce soir. On doit s'immerger dans la prière si on veut comprendre les Ecritures. La Parole de Dieu est mystérieuse et pleine de messages

16

cachés ; seuls ceux qui sont connectés avec le Saint-Esprit peuvent en déceler les secrets ! »

Demandez : *Sacrée étude biblique en perspective ! Ces jeunes n'auront probablement pas dépassé le verset 1 que Sarah, Sam et Paul seront déjà engagés dans une dispute ! Alors, qui a raison? Lequel d'entre eux a la bonne approche pour étudier la Bible?* (Les élèves peuvent répondre en levant la main, mais vous pouvez choisir l'option de demander à chacun des trois comédiens de rejoindre un coin de la pièce. Les autres vont alors rejoindre dans le coin correspondant, le jeune avec lequel ils s'identifient le plus. A ce stade de la leçon, ne cherchez pas à décider laquelle de ces approches est la meilleure. Laissez les Ecritures suivantes parler d'elles-mêmes.)

# EXPLOREZ LA PAROLE

## 1. BIENVENUS DANS 1 CORINTHIENS

Lisez ou présentez avec vos propres mots les informations suivantes :

Avant de commencer à étudier n'importe quelle portion de la Bible, une des premières questions que vous devez vous poser est : « De quel type d'écrit s'agit-il ? » C'est la Bible, bien sûr. Ce sont des écritures saintes.

Oui, mais au delà de cela, quel est le style d'écriture? Selon plusieurs points de vue, la Bible est une anthologie. Vous avez probablement déjà utilisé un de ces gros livres de littérature pour un cours de français, dans lesquels ont retrouve de la poésie, des nouvelles, des pièces de théâtre et des essais. Ce sont des anthologies. La Bible est aussi une anthologie car elle contient plusieurs styles d'écriture différents. On y trouve des livres historiques comme la Genèse, Rois 1 et 2, et le Livre des Actes. On y trouve également de la poésie dans les Psaumes et dans d'autres chapitres distribués dans l'Ancien et le Nouveau Testament. Et, entre autres styles d'écriture, il y a également des lettres.

Une bonne partie du Nouveau Testament est composée de lettres, écrites pour la plupart par l'apôtre Paul à l'intention des diverses congrégations et des personnes qu'il a rencontrées lors de ses nombreux voyages missionnaires. C'est ce type d'écriture que nous avons dans 1 et 2 Corinthiens.

Corinthe était une ville importante dans l'ancien monde. En fait, c'était la troisième ville la plus importante de l'Empire Romain. Elle occupait une position stratégique à l'intersection de deux grandes routes commerciales ; une qui allait du Nord au Sud, et la seconde, d'Est en Ouest. C'était une ville riche, habituées aux excès et connue dans cette partie du monde pour son immoralité.

Paul a visité Corinthe lors de son deuxième voyage missionnaire. Il y a passé un an et demi et il y a fondé une église, comme le montre la description dans Actes 18.1-18. Quelques années plus tard, il a écris aux chrétiens de Corinthe une série de lettres. Bien que certaines d'entre elles aient disparu, deux ont été préservées ; elles sont connues sous le titre de 1 et 2 Corinthiens.

Il semblerait que Paul ait écris la lettre que nous appelons 1 Corinthiens pour deux raisons : un groupe de Corinthiens avait rendu visite à l'apôtre et lui avait annoncé qu'il y avait des troubles dans la jeune église (voir 1.11) ; d'autre part, l'église lui avait envoyé une lettre contenant un certain nombre de questions portant sur des sujets spécifiques (voir 7.1).

Avant de nous plonger dans ce livre chapitre par chapitre, il nous serait très utile d'avoir une vue d'ensemble de la lettre tout entière. Vous pouvez le faire en moins d'une heure, en survolant rapidement tout le livre. Si votre Bible présente des titres avant chaque section, lisez-les et lisez également un ou deux versets dans chaque section. N'essayez pas de lire tous les versets (à moins que vous ne disposiez de quelques heures). Familiarisez-vous simplement avec cette lettre passionnante. Faites-le avant notre prochaine rencontre la semaine prochaine. Bien, passons à présent au chapitre 1.

## 2. PANIQUE A RIVER CITY (ET A CORINTHE, AUSSI) ! (1.1-17)

*Après sa salutation fraternelle habituelle (vv. 1-9), Paul plonge directement dans les problèmes dont il a entendu parler. Cette lettre a été écrite avant la construction des bâtiments pour les rassemblements de l'Eglise, les croyants se rassemblaient donc dans les maisons. Puisque les chrétiens de Corinthe étaient beaucoup trop nombreux pour se rencontrer dans une seule maison, plusieurs petits groupes ont commencé à se former et à acquérir petit à petit leur propre identité. Apparemment, certains de ces groupes avaient désigné des personnalités chrétiennes comme les leaders de leur « maison église » et bientôt, des rivalités avaient surgi entre ces groupes.*

Demandez à un membre de la classe de lire 1 Corinthiens 1.1-17 puis discutez ensemble des questions suivantes :

- *Si vous aviez arrêté la lecture après le verset 9, à quel type de lettre vous seriez-vous attendu ?*

- *Aux Etats-Unis, les écoles ont un nom pour leur équipe de football (les Tigers, les Spartans, les Wolverin) ; elles ont un hymne, une mascotte et leurs propres couleurs. Tous ces éléments sont biens mis en avant et exposés lors des évènements sportifs. A Corinthe, il y avait apparemment au moins quatre « équipes » dans l'Eglise. Comment ces équipes étaient-elles identifiées ? (N.B. : « Cephas » était le nom grec de l'apôtre Pierre.)*

- *Quel était le problème de chacune de ces « équipes » se réclamant un leader différent ?*

- *Voyez-vous des ressemblances entre ce qui se passait à Corinthe et l'Eglise actuelle ?*

## 3. QUE TOUS LES « CERVEAUX » SE LÈVENT ! (1.18-2.5)

*Une des choses dont les grecs étaient fiers, c'était leur philosophie. Ceci était vrai pour Corinthe également. La ville était pleine d'hommes désireux de se lancer dans de grands exposés sur n'importe quel sujet. Ce penchant pour la philosophie et le débat intellectuel se retrouvait certainement dans l'Eglise.*

Demandez à un élève de lire 1.18-2 :5 et discutez ensemble des questions suivantes :

- *Au premier coup d'oeil, il semble que Paul minimise l'instruction et l'intelligence. Mais nous savons que Paul lui-même était un brillant érudit. Il utilise le terme « folie » pour souligner un des plus importants aspects du christianisme. D'après vous, de quoi s'agit-il ?*

- *Bien qu'il soit important d'être aussi informé que possible, particulièrement sur des sujets réellement importants comme la Bible et la théologie, il est également nécessaire de ne pas perdre de vue la simplicité du message de Christ. Pouvez-vous dire ce message en une phrase simple ?*

- *Dans les premiers siècles du christianisme, l'Eglise s'est agrandie plus vite au sein des classes inférieures, tout comme c'est le cas depuis pour de nombreux mouvements de réveil. Pourquoi croyez-vous que Paul rappelle aux Corinthiens leurs modestes origines dans les versets 26-31 ?*

- *Paul leur rappelle même que quand il était avec eux, il n'utilisait pas d'arguments sophistiqués, il ne se présentait pas comme un grand homme (2.1-5). Qu'est-ce que Paul essaye d'enseigner aux Corinthiens à travers son propre exemple ?*

## 4. CHUT, J'AI UN SECRET (2.b-1b)

*Continuant sur cette lancée, Paul explique ce qu'il entend par ne pas être trop dépendant de la sagesse et de l'intelligence humaine. Ici, il introduit l'idée du Saint-Esprit comme le révélateur de la vérité de Dieu à ceux qui L'écoutent.*

Demandez à un élève de lire 2.6-16 et répondez ensemble à ces questions :

- *Paul parle de « la sagesse de Dieu, mystérieuse et cachée » dans le verset 7. D'après vous, de quel mystère s'agit-il?*

- *Vous êtes au début d'une étude biblique. Le livre que vous tenez entre vos mains est, nous l'espérons, écrit avec intelligence et connaissance. Vous êtes encouragés à étudier et à utiliser votre esprit pour explorer ces passages. Avez-vous pris le temps de demander au Saint-Esprit de vous aider à comprendre de quoi parlent ces versets? Si ce n'est pas le cas, faites-le maintenant.*

## VIVEZ LA PAROLE

A présent, demandez à vos élèves de répondre à nouveau à la question de savoir lequel des trois jeunes de la première activité a raison (Sarah, Sam, Paul). Vos élèves devraient être capables d'identifier ce qui manque à chaque jeune. *Sarah dépend trop de l'érudition d'autres personnes; elle pense qu'il faut avoir beaucoup de connaissances pour comprendre la Bible. Sam sous-estime l'effort de dévouement, d'étude et de discernement spirituel nécessaire pour comprendre la Bible. Quant à Paul, il va trop loin en faisant de la Bible un livre magique et mystérieux dont les vérités ne peuvent être mises à jour que par des personnes dotées d'une spiritualité supérieure.*

*Bien entendu, la vérité se trouve dans la combinaison de ces trois positions. La Bible n'est pas un livre simpliste qui peut être pris au pied de la lettre. Il n'est pas non plus nécessaire de posséder un doctorat ou quelque connaissance mystique pour la comprendre. Ce qu'il faut pour aborder la Bible, c'est plutôt une étude minutieuse effectuée sous la direction du Saint-Esprit.*

Terminez la session en accordant à vos élèves un moment de silence pour inviter le Saint-Esprit à les guider dans leur étude de 1 et 2 Corinthiens.

Terminez par une prière.

# PASSAGE BIBLIQUE

1 Corinthiens 3.1-4.21

## VERSET CLÉ

*« Pour moi, frères, ce n'est pas comme à des hommes spirituels que j'ai pu vous parler, mais comme à des hommes charnels, comme à des enfants en Christ. Je vous ai donné du lait, non de la nourriture solide, car vous ne pouviez pas la supporter ; et vous ne le pouvez pas même à présent, parce que vous êtes encore charnels »* (1 Corinthiens 3.1-2).

## OBJECTIFS DE LA LEÇON

Aider les élèves à :

1. comprendre le concept de croissance spirituelle.

2. désirer grandir spirituellement.

3. identifier les comportements qui les aideront à grandir spirituellement.

# LEÇON 2

# Les enfants en Christ

## PERSPECTIVE

Il n'y a pas si longtemps encore, presque tous les sermons et les leçons de l'Ecole du Dimanche étaient présentés sur le thème suivant: comment être sauvé. De nombreuses personnes qui ont suivi les enseignements à cette époque ont grandi avec uniquement le plus élémentaire des concepts du christianisme. Aujourd'hui encore, de nombreux jeunes ne comprennent pas que le salut est seulement la première étape dans la vie chrétienne. Par conséquent, de nombreux groupes de jeunes ne sont en réalité que des « garderies » spirituelles, remplies de chrétiens nés de nouveaux qui n'ont pas beaucoup grandi depuis leur naissance.

Cette leçon utilise l'exemple des Corinthiens pour illustrer le besoin de croissance spirituelle. Vos élèves y examineront quelques comportements et attitudes qui sont les indicateurs d'une croissance peu développée. Ils feront également des projets pour leur propre croissance spirituelle.

## CONTEXTE BIBLIQUE

Dans Romains 12.3 Paul écrit : «...je dis à chacun de vous de n'avoir pas de lui-même une trop haute opinion... ». Il est clair dans les quatre premiers chapitres de 1 Corinthiens que c'est exactement le problème qui se pose à Corinthe. Certains chrétiens de la ville – et apparemment un nombre suffisant pour créer des problèmes – s'étaient «enflés d'orgueil» (4.18, 19). Et c'était la principale cause des dissensions qui étaient sur le point de diviser la congrégation.

Paul commence le chapitre 3 en cernant précisément le problème : les Corinthiens étaient des petits enfants sur le plan de la spiritualité. Quand Paul a passé un an et demi avec eux pendant son voyage missionnaire, il fallait bien s'attendre à leur immaturité spirituelle. Après tout, ils venaient tout juste de devenir des croyants grâce à son ministère. C'est pourquoi, à cette époque, il les a nourri avec «du lait, non de la nourriture solide» (v. 2). C'est-à-dire qu'il ne leur a enseigné que les bases du christianisme. De nombreux Corinthiens provenaient tout droit des religions païennes ; il y avait donc un important travail préliminaire à effectuer : enseigner la nature de Dieu, l'histoire de Sa relation avec Israël, la naissance et la vie de Jésus et, particulièrement, le pouvoir salvateur de la Croix. Les Corinthiens étaient réellement des enfants spirituels.

Toutefois, au moins trois ou quatre ans avaient passé depuis que Paul les avait quittés. Pendant ce temps, c'est Apollos et d'autres hommes qui exerçaient leur ministère auprès d'eux. Et pourtant, ils étaient encore «charnels» (v. 3). Ils proclamaient le nom de Christ, mais ils avaient encore beaucoup à faire pour adopter l'Esprit de Christ. Leur statut d'enfants spirituels se traduisait par leur «jalousie» et leurs «disputes» (v. 3).

Puisque Paul se considérait comme leur père spirituel (4.15), il se sentait obligé de leur parler comme un père le ferait avec ses enfants qui s'égarent.

Dans 3.1-15 Paul utilise trois métaphores, ou illustrations, pour décrire leur état. La première, dont nous avons déjà parlé, est celle de la petite enfance. Puis, dans le verset 5, il passe à une métaphore agri-cole, évoquant la parabole du semeur dans Matthieu 13. Paul avait planté la graine de l'Evangile et Apollos avait arrosé. Mais la croissance appartenait à Dieu (v. 6).

Dans le verset 10 Paul passe à la troisième métaphore, celle du bâtiment. Paul a mis les fondations et d'autres ont bâti dessus. Le fondement c'était Jésus Christ (v. 11). Mais la qualité de la construction ne serait pas meilleure que celle du matériel utilisé.

Continuant avec la métaphore de la construction, Paul compare les Corinthiens au temple. Paul parle à la congrégation tout entière dans le verset 16, utilisant le pronom personnel «vous». L'Eglise est le temple. Et le temple était en danger ; il risquait d'être détruit par leurs attitudes dissidentes.

Paul les met en garde encore une fois contre la sagesse du monde 3.18-23. Bien que nombre d'entre eux soient plutôt fiers de leur philosophie et de leur intellect, leur sagesse de ce monde est «une folie devant Dieu» (v. 19). Ils devraient plutôt s'évertuer à cultiver la sagesse spirituelle.

Etant donné que les différentes factions de l'Eglise Corinthienne considéraient toutes un apôtre différent comme leur leader (Paul, Apollos, Cephas), une des conséquences de cette situation était qu'elles critiquaient les «saints patrons» des uns et des autres. Apparemment, Paul ne défendait pas uniquement son cas personnel. Une grande partie du chapitre 4 est une défense de l'apostolat de Paul. Pour lui-même, il ne s'inquiétait pas de ces attaques : «...il m'importe fort peu d'être jugé par vous, ou par un tribunal humain...» (4.3). Mais les critiques causaient du tort à l'Eglise.

Dans le chapitre 4.9-10, Paul utilise l'ironie pour leur montrer à quel point leurs attaques sont injustes. Puis, dans les versets 11-13, il leur rappelle les épreuves que lui et les autres apôtres ont dû endurer.

Paul termine le chapitre avec un autre avertissement paternel. Il projetait de se rendre à Corinthe et se préparait à venir soit avec «une verge» soit «avec amour et dans un esprit de douceur» (v. 21). Les mots peuvent sembler durs, mais nous devons nous rappeler que c'est la vie même de l'Eglise corinthienne qui était en jeu.

# ACTIVITÉS DE LA SESION

## ABORDEZ LA PAROLE

Si vous voulez que cette leçon soit réellement amusante, préparez-la un peu à l'avance afin d'aider vos élèves à se mettre dans l'état d'esprit favorable pour s'intéresser à leur petite enfance. Décorez la salle avec des ballons roses et bleus, des éléments de décoration de chambre de bébé et des photos de bébés. Vous pouvez également contacter les parents à l'avance et leur demander des photos de vos élèves quand ils étaient bébés. Organisez un concours pour voir qui peut deviner quelle photo correspond à quel élève dans la classe. Organisez un concours de dégustation dans lequel vos élèves devront tenter d'identifier les ingrédients contenus dans des aliments pour bébés. Empruntez des tables-bancs pour enfants et demandez aux jeunes de s'y asseoir. Distribuez des animaux en peluche que les élèves devront garder avec eux. Soyez créatifs/ives.

Puis, lorsque le décor est bien planté, demandez aux jeunes de citer leurs aliments, leurs jouets, leurs émissions télévisées, leurs vêtements et leurs mots préférés, pendant les 4 périodes suivantes de leur vie : à l'âge de 1 an, à 5 ans, à 12 ans et aujourd'hui.

Laissez plusieurs d'entre eux partager leurs réponses. Après le partage, demandez ce qui se passerait si leurs préférences étaient restées les mêmes depuis l'enfance jusqu'à l'adolescence.

*Vous n'aimez pas qu'un professeur ou un parent vous dise : « Tu te comportes comme un bébé », n'est ce pas ? Mais vous devez bien reconnaître que quelques fois c'est la vérité. Les Corin-*

thiens avaient apparemment le même problème, ils restaient des petits enfants dans leur vie spirituelle. Voyons ce que Paul écrit au début du chapitre 3.1-15.

## EXPLOREZ LA PAROLE

### 1. LES ENFANTS, LES GRAINES ET LES FONDATIONS (3.1-15)

Les bons professeurs et prédicateurs cherchent toujours la bonne illustration ou métaphore pour aider leur auditoire à comprendre ce qu'ils essayent d'expliquer. Dans ces 15 versets, Paul utilise trois métaphores différentes pour décrire ce qui se passe à Corinthe. Pendant que nous lisons ces versets, essayez de vous représenter mentalement chacune de ces illustrations.

Demandez à un élève de la classe de lire les versets puis discutez ensemble de ces questions :

- *Quand Paul a fondé l'Eglise de Corinthe, à peine quelques années auparavant, il leur a bien évidemment enseigné les vérités les plus élémentaires sur Christ. A quoi compare-t-il ces vérités (v.2)?*

- *D'après vous, comment les Corinthiens ont-ils réagi quand ils ont été traités de « petits enfants »? Pourquoi Paul dit-il qu'ils sont encore des petits enfants?*

- *Dans le verset 6 Paul passe à une autre image, celle de la graine. Ces versets vous rappellent-ils un passage dans Matthieu? (Voir Matthieu 13.1-23.) Pourquoi Paul rejette-t-il toute marque d'importance dans la « croissance » de l'Eglise à Corinthe?*

- *Encore une fois Paul change de métaphore. Au verset 10, il commence à parler de construction. D'après lui, quels sont les fondements d'un édifice spirituel? Que se passe-t-il lorsque des matériaux inférieurs sont utilisés?*

- *Lorsque vous réfléchissez à votre vie spirituelle, vous considérez que vous êtes des enfants ou des adultes ? La graine de l'Evangile est-elle en train de fleurir dans votre vie ou bien est-elle en train de se flétrir ? Quels types de matériaux utilisez-vous pour bâtir votre vie spirituelle ?*

## 2. LE TEMPLE DE DIEU (3.16-23)

Poursuivant avec l'idée de la construction, Paul passe à une image avec laquelle ses lecteurs Juifs n'auront aucun mal à s'identifier : le temple. Puis il revient à ses premières idées sur la folie et la sagesse.

Demandez à un élève de lire ces versets puis discutez ensemble des questions :

* *Le « vous » dans le verset 16 est collectif, ce qui signifie que Paul considérait l'Eglise Corinthienne tout entière comme « le temple de Dieu ». Quel comportement parmi les chrétiens de Corinthe était sur le point de contribuer à la destruction de ce temple ? Quel comportement parmi les chrétiens d'aujourd'hui pourrait mettre le temple en danger ?*

* *Il apparaît clairement dans le passage de Paul sur la sagesse que certaines personnes à Corinthe avaient tenté de s'ériger au dessus des autres en tant que plus sages et plus instruites. Quelle est la suggestion de Paul à leur égard (v. 18) ?*

* *Après avoir parlé du sujet des « équipes » à Corinthe (celle de Paul, d'Apollos, de Cephas), comment Paul cherche-t-il à unir ces factions (v. 23) ?*

## 3. DES APÔTRES MIS A L'EPREUVE (4.1-13)

Il n'y a rien de mal dans l'esprit d'équipe, tant que cela ne devient pas une excuse pour s'attaquer à l'équipe adverse. Dans toute compétition vous trouverez des personnes qui pensent que « huer » l'équipe adverse rend leur équipe meilleure. Apparemment, dans l'équipe des Corinthiens, certains avaient ce comportement. Et puisque les « équipes » portaient les noms de divers apôtres, c'étaient les apôtres eux-mêmes qui étaient les cibles des huées. Voyons comment Paul réagit face à cette situation dans 4.1-13.

Demandez à un élève de lire le passage et discutez ensemble des questions :

* *Apparemment, certaines factions à Corinthe se sont réellement acharnées sur Paul. Comment réagit-il à leurs critiques dans les versets 3-4 ?*

* *Dans le verset 7 Paul demande : « Qu'as-tu que tu n'aies reçu ? » Avez-vous déjà entendu des personnes qui semblaient se vanter de leur spiritualité ? Avez-vous déjà été tentés de vous montrer fier de votre croissance spirituelle ? Que vous dit Paul dans ce verset ?*

* *Dans les versets 9-10 Paul utilise l'ironie pour se faire comprendre. Que pensez-vous du ton de ces versets ? Pensez-vous que Paul est en colère ? Ou bien parle-t-il simplement avec fougue ?*

* *Dans les versets 11-13 Paul abandonne l'ironie pour parler plus littéralement. Si vous lisez le Livre des Actes, vous trouverez les histoires des apôtres, lesquels ont été naufragés, battus et persécutés. Pourquoi, d'après vous, Paul rappelle-t-il ces évènements aux Corinthiens ?*

## 4. AMOUR PATERNEL (4.14-21)

Aucun de nous n'aime être grondé par ses parents. Et Paul a beaucoup grondé les Corinthiens. Mais dans cette section, il leur explique que les mots durs qu'il a utilisés ont été écrits avec l'amour du père.

Demandez à un élève de lire les versets puis discutez ensemble des questions :

* *Si l'objectif de Paul dans sa lettre n'était pas de susciter la honte parmi les Corinthiens (v. 14), quelle était son intention ?*

* *Le verset 16 peut vous paraître étrange. On dirait presque que Paul se vante. Comparez ce verset à 1 Corinthiens 11.1. Que dit réellement Paul ?*

* *Timothée était l'un des plus proches associés de Paul. Vous pouvez lire une partie de son histoire dans Actes 16.1-3. Que devait être la mission de Timothée à Corinthe ?*

- *La plupart d'entre nous ont déjà entendu ces mots « Attends que ton père revienne à la maison ! » Paul utilise ce genre d'avertissement dans les versets 18-21. A la lumière de tout ce que Paul a écris jusqu'ici, s'il devait visiter votre église ou votre groupe de jeunes, pensez-vous qu'il viendrait « avec une verge ou avec amour et dans un esprit de douceur » ?*

# EXAMINEZ LA PAROLE

*Lequel de ces repas préférez-vous : Une compote de légumes ou un gros sandwich de viande ?*

Afin d'aider vos élèves à comprendre ce qu'est le « lait » spirituel, demandez-leur de faire l'exercice suivant :

- *Je veux que vous imaginiez que vous apportez l'Evangile à des personnes qui n'ont jamais entendu parler de Jésus. Quelles choses devrez-vous enseigner à ces personnes?* (Demandez aux élèves de travailler individuellement ou par groupes de deux et de présenter leurs réponses sur une feuille de papier. Lorsque tout le monde aura terminé, demandez-leur de partager leurs idées et notez-les sur une liste au tableau. Mentionnez les concepts suivants si les élèves ne les mentionnent pas eux-mêmes : la nature de Dieu et Son amour, le péché, le sacrifice de Christ sur la Croix, la repentance, le pardon, la nouvelle naissance et la vie éternelle).

- *D'après vous, quels seraient les ingrédients de la « nourriture solide » ? Et quels seraient les comportements des chrétiens mûrs?* (Ecoutez attentivement leurs réponses car cela vous donnera une idée de leur compréhension de la croissance et de la maturité spirituelle. Ils pourraient répondre que la nourriture solide inclut l'idée de la croissance spirituelle, du sacrifice de soi pour les autres, de l'entière sanctification, de la vie sous la direction de l'Esprit, d'un temps d'étude régulier de la Parole de Dieu et du service chrétien. Dans la discussion sur le comportement

spirituel mûr, vous pouvez faire référence à Romains 12.1-2, 9-18, 21 et Galates 5.22-23.)

# VIVEZ LA PAROLE

## *Qu'avez-vous au menu?*

Cette activité donne à vos élèves deux manières de penser à leur maturité spirituelle. Avant de commencer cette activité, assurez-les que vous n'allez pas leur demander de partager leurs réponses, afin qu'ils puissent se montrer honnêtes.

- *Je veux que vous traciez une ligne horizontale sur votre feuille ; inscrivez à l'extrême gauche de la ligne : « Bébé nouveau-né » et à l'extrême droite : « Prêt pour le Ciel ». Cette ligne représente la croissance spirituelle. Je veux que vous placiez une croix sur la ligne qui indique le niveau où vous pensez vous situer actuellement. Vous pouvez placer la croix n'importe où sur la ligne entre « Bébé nouveau-né » et « Prêt pour le Ciel ».*

---

Bébé nouveau-né                                      Prêt pour le Ciel

- *Quel type de nourriture spirituelle avez-vous consommé ces derniers temps? « Des aliments pour bébé » ou de la « viande » ?*

- *Je veux que vous pensiez à ce que vous pouvez faire cette semaine pour commencer (ou continuer) à grandir spirituellement. Trop de jeunes pensent qu'ils atteindront naturellement la maturité spirituelle en grandissant. Puis, ils se tournent vers les « saints » dans la congrégation, qu'ils considèrent comme des exemples de maturité spirituelle et pensent qu'il faut être très âgé – au moins 40 ans ! – pour atteindre ce degré de maturité. C'est peut-être vrai, mais vous n'y arriverez certainement jamais si vous ne commencez pas dès maintenant ! Je veux que vous soyez aussi spécifiques que possible. « Aimer tout le monde » c'est bien, mais « être plus gentil avec mon petit frère », c'est plus concret. « Passer plus de temps en présence de la Parole de Dieu » c'est admirable, mais « passer 15 minutes tous les matins à lire la Bible », c'est plus concret.*

Après leur avoir accordé du temps pour répondre à cette dernière question, accordez aux élèves un moment de réflexion silencieuse pendant que vous les encouragez à demander à Dieu de les aider dans leur entreprise.

Terminez par une prière.

## PASSAGE BIBLIQUE

1 Corinthiens 5.1-7.40

## VERSET CLÉ

*« Ne savez-vous pas que votre corps est le temple du Saint-Esprit qui est en vous, que vous avez reçu de Dieu, et que vous ne vous appartenez point à vous-mêmes ? Car vous avez été rachetés à un grand prix. Glorifiez donc Dieu dans votre corps et dans votre esprit, qui appartiennent à Dieu »* (1 Corinthiens 6.19-20).

## OBJECTIFS DE LA LEÇON

Aider les élèves à :

1. découvrir ce que dit la Parole de Dieu à propos de l'immoralité sexuelle.

2. désirer honorer Dieu avec leur corps.

3. s'engager dans un mode de vie chrétien.

# LEÇON 3

# Tout le monde le fait – n'est-ce pas?

## PERSPECTIVE

Il y a quelque temps, une chaîne de télévision américaine a présenté une nouvelle série, « Grapevine », qui parlait d'amour, de sexe et des relations dans les années 1990. Le premier épisode portait sur une jeune femme « dans les vingt ans » qui était (oups !) encore vierge ! Les autres jeunes adultes du show – tous habillés à la mode, beaux, en pleine ascension sociale, branchés – ont passé toute la demi-heure à essayer de l'aider à se sortir de cette fâcheuse situation. Les premières images du programme montraient même plusieurs de ces personnages qui parlaient de leurs premières expériences. Ils étaient tous jeunes quand ils ont surmonté « la terrible situation » de la virginité et aucun d'eux n'était marié.

Voilà ce que vous jeunes voyez tous les jours dans les media. C'est l'attitude qui prévaut dans notre société. Les nombreux sondages successifs montrent qu'un grand pourcentage de jeunes – même parmi les jeunes qui fréquentent les églises – est sexuellement actif.

Cette leçon explore ce que Paul dit sur l'activité sexuelle dans 1 Corinthiens. Vos jeunes devront considérer ces instructions et tenter les appliquer dans la vie contemporaine.

## CONTEXTE BIBLIQUE

Dans les chapitres 5-7 Paul passe à des problèmes très spécifiques auxquels l'Eglise de Corinthe est confrontée. Tout d'abord, il s'attaque au problème d'une relation immorale dont il a entendu parler. Apparemment, un Corinthien vivait avec sa belle-mère. (Nous pouvons supposer qu'il s'agit de sa belle-mère parce que Paul ne parle pas d'inceste. Nous pouvons également supposer que soit le père est décédé soit il est divorcé de la femme, puisque Paul ne parle pas d'adultère.)

Cette situation choquait Paul, parce qu'elle était condamnable même parmi les païens de Corinthe (v. 1). L'apôtre ne mâche pas ses mots quand il donne ses instructions à l'église : « qu'un tel homme soit livré à Satan » (v. 5). Mais Paul ne condamne pas cet homme au châtiment éternel. Voyez la fin du verset : « pour la destruction de la chair, afin que l'esprit soit sauvé au jour du Seigneur Jésus ». L'acte d'excommunication n'avait pas pour but de punir mais représentait un moyen de racheter l'âme humaine.

Aussi navrant que fût le comportement de cet homme, Paul était encore plus choqué par le fait que l'église corinthienne non seulement permettait ces attitudes libérales mais qu'en plus elle en était fière (vv. 2, 6). La référence de Paul au levain dans les versets 6-7 rappelle un vieux proverbe qui dit : « C'est la pomme pourrie qui contamine tout le panier ». En permettant à cet homme de rester dans leur congrégation, les Corinthiens couraient le risque de partager sa honte. Et qu'ont dû penser les Corinthiens non chrétiens de cette situation ?

Dans une lettre précédente, qui ne nous est pas parvenue, Paul avait ordonné aux Corinthiens de ne pas avoir des relations avec des personnes immorales (v. 9). Mais cela ne veut pas dire éviter totalement toute sorte de relations car les Corinthiens devaient vivre et travailler parmi des non chrétiens. C'est un point important sur lequel il convient de s'attarder. Beaucoup, dans l'Eglise chrétienne à tra-

vers le temps – et de nos jours – recommanderait de couper totalement le contact avec la société. Mais cette attitude est à la fois peu réaliste et peu judicieuse. Ce n'est qu'en vivant dans le monde que nous pouvons le changer. Les chrétiens sont appelés à être dans le monde, mais non du monde.

Bien que ce contact avec l'immoralité ne puisse être évité dans le monde, il devrait être évité dans l'église. Paul ne dit pas que l'Eglise ne devrait pas accueillir les pécheurs dans ses services. En effet, nous devrions nous évertuer à les y inviter ! Mais ils ne devraient pas être acceptés comme membres tant qu'ils sont dans leur état d'immoralité.

Dans le chapitre 6 Paul passe à un autre problème spécifique. Apparemment, certains chrétiens de Corinthe emmenaient d'autres chrétiens corinthiens en justice. Paul dit que cela pose deux problèmes. Tout d'abord, les chrétiens demandaient à des non chrétiens de régler leurs différends. Paul dit qu'au moment du Jugement, les chrétiens aideront à décider du sort du monde (v. 2). Comment pouvons-nous juger les non chrétiens si nous leur demandons de nous juger aujourd'hui ? Paul met les Corinthiens au défi de laisser « des gens dont l'Eglise ne fait aucun cas » régler les conflits (v. 4). Cela nous fait penser à l'enseignement de Jésus dans Matthieu 18.15-17.

Le plus gros problème posé par ces procès est que de tels désaccords ne devraient atteindre ce stade-là. En tant que chrétiens, les Corinthiens devraient accepter de souffrir des injustices de la part d'un frère plutôt que d'avoir recours à un procès (v. 7). Là encore, il évoque les paroles de Jésus dans Matthieu 5.38-42.

Dans le chapitre 6.12 Paul revient sur le problème de l'immoralité sexuelle. Apparemment, certains Corinthiens disaient des choses comme : « Tout m'est permis » (v. 12). (Il n'apparaît pas clairement que ces mots proviennent d'une citation, mais ne nous y trompons pas, ce n'est pas Paul qui dit cela.) Cette idée était peut-être la réponse à un enseignement récurrent de Paul sur la supériorité de la grâce sur la loi. Mais c'est une mauvaise compréhension de la théologie de Paul. L'apôtre réfute cette déclaration avec des déclarations à lui : « mais tout n'est pas utile… mais je ne me laisserai pas asservir par quoi que ce soit ».

Puis Paul combine une idée du Nouveau Testament avec une idée de l'Ancien Testament. En tant que chrétiens, nos corps sont les « membres de Christ » (v. 15). Genèse 2.24 dit : « C'est pourquoi l'homme quittera son père et sa mère et s'attachera à sa femme, et ils deviendront une seule chair ». Paul utilise ces deux idées pour condamner l'immoralité : « Prendrai-je donc les membres de Christ, pour en faire les membres d'une prostituée? Loin de là ! » (vv. 15-16).

Dans le chapitre 7 Paul traite le problème du mariage. Apparemment, les Corinthiens avaient écris à Paul une lettre contenant de nombreuses questions sur le mariage et le christianisme (7.1). La manière la plus aisée d'explorer ce chapitre est de le considérer dans son ensemble et d'identifier plusieurs thèmes.

Tout d'abord, Paul dit fréquemment qu'il vaut mieux pour un chrétien de ne pas être marié (vv. 1, 7-8, 26-28, 38). En effet, l'apôtre lui-même n'était pas marié (vv. 7-8). (De nombreux érudits s'accordent à dire que Paul était probablement veuf.) Il a été noté fréquemment que les premiers chrétiens attendaient le retour imminent de Christ et le jugement qui s'en suivrait. En tant que « garde avancée », les chrétiens du premier siècle considéraient que leur rôle était de préparer le monde pour l'apocalypse. C'est certainement dans ce contexte que Paul parle du mariage. (Nous pouvons nous demander cependant : « notre situation est-elle si différente? Ne devrions-nous pas également vivre dans l'attente sincère de Christ? »)

Dans les versets 32-35 Paul révèle le raisonnement qui sous-tend son opinion selon laquelle le célibat est préférable au mariage. Les personnes mariées ont plusieurs préoccupations différentes. Les célibataires, eux, peuvent se consacrer entièrement à faire la volonté de Dieu. La leçon que nous devrions en tirer est que même si nous sommes mariés, la volonté de Dieu devrait toujours être notre première priorité.

Le second concept est que, bien que Paul recommande le célibat, il ne condamne pas le mariage. Les versets 2, 9, et 36 nous montrent que Paul comprend le besoin humain de relation intime. En effet, l'apôtre conseille aux Corinthiens mariés de conserver une sexualité saine et active (vv. 3-5). Il est malheureux de constater que dans notre ardeur à décourager les jeunes d'être sexuellement actifs, nous leur transmettons parfois par inadvertance l'idée que le sexe est un péché. Ce n'est certainement pas le cas. Il n'est considéré comme un péché que lorsque qu'il est pratiqué dans de mauvaises relations.

La troisième idée que Paul traite est le divorce. Dans les versets 10-16, Paul incite les Corinthiens qui sont mariés à le rester, même s'ils sont mariés à des non chrétiens.

# ACTIVITÉS DE LA SESSION

## ABORDEZ LA PAROLE

### Vie familiale

Cette activité introduit vos jeunes dans la classe Vie familiale de Mme Johnson et le sujet du jour est : la sexualité des jeunes. Vous trouverez plus bas les opinions de six jeunes. Si vous avez des jeunes qui aiment les jeux de rôle, demandez-leur au moins une semaine à l'avance de mémoriser ces lignes et de jouer la pièce devant les autres élèves.

### VIE FAMILIALE

C'est le troisième cours et les élèves du Lycée South Central sont en train de s'installer dans la classe Vie familiale de Mme Johnson. Le sujet du jour est : « la sexualité des jeunes ». Ecoutons les élèves de Mme Johnson donner leurs opinions :

**Maria** : « On m'a dit toute ma vie qu'une personne devrait attendre d'être mariée pour avoir des relations sexuelles. Mais je pense que c'est absolument démodé. Peut-être qu'être vierge avant le mariage avait un sens au XVIIIème siècle, je ne sais pas. Mais aujourd'hui, c'est ridicule. Personne n'attend d'être marié pour ça. En tout cas, personne à ma connaissance ! En plus, c'est amusant ! »

**Jason** : « Mais et l'amour dans tout ça ? Ne penses-tu pas que c'est important d'être amoureux avant d'avoir des relations sexuelles ? Je veux dire, le vagabondage sexuel, ce n'est pas bien. Mais si deux personnes tiennent l'une à l'autre et prévoient de se marier, alors elles peuvent avoir des relations sexuelles. »

**Frank** : « Je suis d'accord avec Maria, mais je veux ajouter quelque chose. Le sexe avant le mariage, d'accord, tant qu'on évite les grossesses. Ce que deux personnes font, c'est leur affaire – tant qu'une troisième personne n'est pas impliquée. C'est tellement facile de nos jours d'éviter ce genre « d'accident ». Le sexe quand on est jeune, c'est bien ; mais la grossesse, non ! »

**Tina** : « Et il ne faut pas oublier d'éviter les maladies. Nous avons déjà parlé des MST – maladies sexuellement transmissibles – dans cette classe. Aujourd'hui ça peut être une question de vie ou de mort. Je suis d'accord avec Maria et Frank, les jeunes peuvent avoir une vie sexuelle, mais il faut être prudent ! »

**Michelle** : « Attendez ! Le sexe, d'accord, si on fait attention à ci, si on fait attention à ça ! Vous ne pensez pas que c'est précisément à cause des choses auxquelles il faut faire attention que le sexe avant le mariage est une idée stupide ? Frank, il n'y a pas de méthode sûre à 100% pour éviter les grossesses – à part l'abstinence. Et il en va de même pour les maladies, Tina. Je veux dire, je ne suis pas prude ou fondamentaliste ou quoi que ce soit. Je pense simplement que la bonne vieille méthode de l'abstinence est encore la plus intelligente.

**Brian** : « Michelle a donné la bonne réponse, mais ses raisons sont mauvaises. Le sexe avant le mariage, c'est mauvais parce que c'est mauvais. Point. La Bible le dit. Mon église le dit. Dieu le dit. Si on vit sa vie de la bonne manière, on n'a

pas à s'inquiéter de choses comme la grossesse ou la maladie. »

Demandez à vos élèves :

- *Avec qui êtes-vous d'accord?*
- *Avec qui vos amis sont d'accord?*
- *Avec qui la plupart des jeunes dans votre école sont-ils d'accord?*

Entamez directement l'étude du passage. Evitez la tentation de commenter les réponses de vos jeunes.

# EXPLOREZ LA PAROLE

## 1. UNE MAUVAISE POMME (5.1-13)

*Vous avez peut-être déjà entendu ce dicton : « c'est la mauvaise pomme qui contamine tout le panier ». Dans l'église corinthienne, il y avait une très mauvaise pomme et Paul insiste sur le fait que, dans l'intérêt de l'Eglise, cette pomme doit être enlevée.*

Après avoir demandé à un élève de lire ces 13 versets, discutez de ces questions :

- *Puisque Paul n'utilise pas les mots « inceste » ou « adultère » pour décrire la situation dans le verset 1, il est probable que l'homme en question vivait avec sa belle-mère, peut-être après la mort de son père. Qu'est-ce que Paul ordonne à l'église corinthienne de faire de cet homme ?*

- *Le langage de Paul dans le verset 5 semble dur : « qu'un tel homme soit livré à Satan ». Paul dit, en effet, si cet homme veut vivre une vie de péché, laissez-le faire parmi les pécheurs, mais pas dans l'Eglise. Mais remarquez la fin du verset : « afin que ... l'esprit soit sauvé au jour du Seigneur ». D'après vous, quelle est la motivation première de Paul ici, la punition ou la rédemption ?*

- *Ce qui ennuyait Paul autant que l'immoralité de l'homme, c'était le fait que les Corinthiens* l'acceptaient. Apparemment, ils étaient « enflés d'orgueil » (v. 2) et se « glorifiaient » (v. 6) d'être assez libéraux pour tolérer cette situation parmi eux. Quel problème cela pose-t-il si cet homme est dans l'Eglise ? (Indice : le verset 6 ressemble beaucoup au dicton « c'est la pomme pourrie qui contamine tout le panier ».)

- Paul indique dans le verset 9 qu'il avait écris une lettre précédente aux Corinthiens, une lettre qui s'est perdue. Dans cette lettre, il ordonnait aux Corinthiens de ne pas avoir de relation avec des personnes sexuellement immorales. Il prend bien soin de préciser qu'il ne parle pas de ne pas fréquenter les pécheurs du tout, parce que nous vivons tous en contact quotidien avec des non chrétiens. Ce qu'il veut dire, c'est que de telles personnes ne devraient pas être reçues comme membres et frères de l'Eglise. Imaginez un instant que quelqu'un qui agit ouvertement de manière immorale occupe un poste de professeur de l'Ecole du dimanche dans votre église. Quel genre de problème cela pourrait créer à votre avis ? Comment réagiraient les gens à l'extérieur (ou les nouveaux arrivants) de l'église ?

## 2. NE FAITES PAS JUSTICE VOUS MÊMES, EMMENEZ-LE AU TRIBUNAL ! (6.1-11)

Imaginez que vous entendez deux membres de votre église qui se poursuivent en justice ! Qu'en penseriez-vous ? Que diraient les membres de la communauté ? Eh bien, c'est exactement ce qui se passait à Corinthe.

Demandez à un élève de lire ces versets et discutez des questions :

- Le premier problème est que les chrétiens de Corinthe portaient leurs désaccords devant des tribunaux non chrétiens. Ici, Paul dit une chose intéressante à propos du Jour du Jugement : « Ne savez-vous pas que les saints [c'est-à-dire les chrétiens] jugeront le monde ? » (v. 2). Si, à la fin du monde, les chrétiens aideront à décider du sort des non chrétiens, pourquoi demande-t-on aujourd'hui à des non chrétiens de décider du sort des chrétiens ? Quelle est la solution de Paul pour ce désordre ? (v.4) ?

- Lisez Matthieu 5.25 et 18.15-17. Quels éclaircissements apportent ces paroles de Jésus sur le problème des Corinthiens ?

- Dans le verset 7 Paul suggère une solution encore meilleure. Comparez ce verset à Matthieu 5.39-42. Quelle est la meilleure solution ?

## 3. VOTRE CORPS EST UN TEMPLE (6.12-20)

Encore une fois, Paul se soucie de l'immoralité sexuelle et de la fierté apparente des Corinthiens quant à leur libéralisme. Dans ce passage Paul s'adresse à nous aussi.

- Paul commence cette section en citant ce qu'il a entendu parmi les Corinthiens : « Tout m'es permis » (Il n'apparaît pas clairement qu'il s'agit d'une citation. Mais ne vous y trompez pas et ne croyez pas que c'est Paul qui dit cela.) Quels sont les deux moyens par lesquels Paul réfute cette déclaration (v. 12) ?

- Paul continue en disant que nos corps « sont des membres de Christ » (v. 15). D'après vous, que veut-il dire par là ?

- Dans le verset 16 Paul cite Genèse 2.24 : « C'est pourquoi l'homme quittera son père et sa mère et s'attachera à sa femme, et ils deviendront une seule chair ». Comment cette vérité s'applique-t-elle à l'immoralité sexuelle ?

- Dans l'Ancien Testament, les Juifs croyaient que Dieu vivait dans le Temple à Jérusalem. Dans 3.16 Paul dit que l'Eglise est le temple de Dieu. A présent il dit que chaque chrétien individuel est aussi le temple de Dieu (6.19). Quel impact cette vérité a-t-elle (ou devrait-elle avoir) sur l'idée des relations sexuelles ?

- Paul dit : « …vous ne vous appartenez point à vous-mêmes. Car vous avez été rachetés à grand prix. » (vv. 19b-20). De quel « prix » parle Paul ?

## 4. SE MARIER OU NE PAS SE MARIER (7.1-40)

Cette section est bien longue – un chapitre entier. Mais c'est en fait une réponse à une question que les Corinthiens avaient apparemment posée à Paul dans une lettre. Nous n'avons pas cette lettre, malheureusement, mais nous pouvons deviner la question : « Vaut-il mieux pour les chrétiens d'être mariés ou d'être célibataires ? Accrochez-vous ! Vous pourrez être surpris par certaines réponses de Paul !

Demandez à un élève, ou plusieurs, de lire ce chapitre puis discutez ensemble des questions suivantes :

- Paul dit plusieurs fois dans ce chapitre que pour un chrétien, il vaut mieux être célibataire (vv. 1, 7-8, 26-28, 38). Il indique qu'il est lui-même célibataire (vv. 7-8). Ces versets (comme toutes les Ecritures) doivent être comprises dans le contexte dans lequel ils ont été écrits. Les chrétiens du premier siècle s'attendaient au retour imminent de Jésus. Ils se considéraient comme les « forces avancées » qui devaient préparer le monde pour un jugement imminent. Vous pouvez penser qu'à cause de ce contexte ces versets ne s'appliquent pas à nous. Pourtant, le contexte a-t-il réellement changé ? Ne sommes-nous pas, même en ce 20ème siècle, toujours les forces avancées de Dieu ? Ne devrions-nous pas nous préparer pour un retour imminent de Christ ? Qu'en pensez-vous ?

- Dans les versets 32-35 Paul explique pourquoi, d'après lui, il est plus facile pour un chrétien d'être célibataire que d'être marié. Etes-vous d'accord avec ce raisonnement ?

- Bien que Paul pense que le célibat présente plus d'avantages que le mariage, il n'interdit pas le

mariage. Quelle compréhension de la nature humaine amène Paul à accepter le principe du mariage ? (Voir versets 2, 9, 36.)

- Il est important que nous voyions clairement que Paul ne condamne pas les relations sexuelles dans ce chapitre. En fait, il indique que les couples mariés devraient avoir une vie sexuelle active et saine (vv. 3-5). Qu'avez-vous à répondre à cela ?

- Paul a beaucoup à dire à propos du divorce également. Lisez les versets 10-16 et résumez les instructions de Paul.

# EXAMINEZ LA PAROLE

## Le secret de Vicky

Cette activité concerne une lettre écrite par une fille du nom de Vicky. Demandez à un élève de se préparer à l'avance pour lire cette lettre en classe.

## LE SECRET DE VICKY

Vicky était votre meilleure amie au lycée. Mais pendant l'été, après la classe de première, elle a emménagé dans une autre région. Vous êtes restés amis et vous échangez des lettres fréquemment. Hier, vous avez reçu une lettre de Vicky qui comprend le paragraphe suivant :

« Tu te souviens de Tim, le garçon dont je te parlais dans mes lettres précédentes ? Eh bien, nous sortons ensemble depuis trois mois. C'est le meilleur ! Il est adorable et il me traite vraiment très bien. Je suis amoureuse de lui et je sais que cette fois c'est la bonne. Nous avons parlé de nous marier dés que nous serons diplômés – mais cela semble si loin. Chaque fois que nous sommes ensemble, nous nous rapprochons un peu plus. Tu vois ce que je veux dire ? Il ne me met pas la pression ni rien. Vraiment, je le veux autant que lui. Je sais que mes parents flipperaient s'ils le découvraient, mais je pense que c'est juste une question de temps avant que Tim et moi n'allions plus loin. Nous avons déjà parlé de nous « protéger » si nous le faisons. Je sais tout sur ces trucs-là.

Tim veux participer aussi pour s'assurer que rien de mal n'arrive. »

*OK, à présent c'est à vous d'écrire à Vicky. Qu'allez-vous lui dire?* Demandez à chaque jeune d'écrire une lettre en réponse à Vicky. Après leur avoir accordé du temps pour y travailler, demandez à plusieurs volontaires de lire leur lettre à la classe.

# VIVEZ LA PAROLE

## *Honorez Dieu*

Si vous avez écouté attentivement vos élèves, vous saurez comment clôturer cette session. Peut-être qu'une simple prière de clôture suffira. Peut-être quelques moments de méditation silencieuse sur le verset clé - (»Ne savez-vous pas que votre corps est le temple du Saint-Esprit qui est en vous, que vous avez reçu de Dieu, et que vous ne vous appartenez point à vous-mêmes? Car vous avez été rachetés à un grand prix. Glorifiez donc Dieu dans votre corps et dans votre esprit, qui appartiennent à Dieu. 1 Corinthiens 6.19-20) seraient appropriés. Si vous sentez que certains de vos jeunes sont réellement aux prises avec ce problème, proposez-leur de rester après le cours pour en parler plus en détails ou prévoyez une rencontre avec eux individuellement. Mais soyez sensibles aux sentiments de vos jeunes et ne montrez personne du doigt.

Terminez par une prière.

# LEÇON 4

# Faire les bons choix

## PERSPECTIVE

En des temps plus simples, il était peut-être plus facile de prendre des décisions d'ordre moral et éthique.
Tout ce que l'on avait à faire, c'était de se référer à la
règle. Mais, et si les circonstances avaient tellement chan-
gées que la règle ne s'appliquait plus ? Et s'il n'y avait
pas de règle concernant la situation en question?

Il y a tant de décisions éthiques que les jeunes doivent
prendre et qui n'ont pas de référence dans la Bible ou
dans tout autre règlement. Comment doivent-ils prendre
leurs décisions? Quelle est la meilleure référence? Ce que
tout le monde fait? Ce qu'ils voient dans les médias?
Malheureusement, c'est là que trop souvent les jeunes
trouvent leurs principales références.

Cette leçon permettra à vos jeunes d'observer l'apôtre
Paul formuler une décision éthique. Ils identifieront les
procédures et les principes qu'il a utilisés. Et ils auront la
possibilité d'appliquer ces procédures et ces principes à
certaines de leurs décisions.

## PASSAGE BIBLIQUE

1 Corinthiens 8.1-11.1

## VERSET CLÉ

*« Soit donc que vous mangiez, soit que
vous buviez, soit que vous fassiez
quelque autre chose, faites tout pour la
gloire de Dieu »*
(1 Corinthiens 10.31)

## OBJECTIFS DE LA LEÇON

Aider les élèves à :

1. découvrir les principes que
l'apôtre Paul a utilisés pour prendre des décisions éthiques.

2. désirer utiliser les mêmes
principes pour prendre leurs propres décisions.

3. appliquer ces principes aux
problèmes contemporains.

## CONTEXTE BIBLIQUE

Dans les chapitres 8-10, Paul essaye de répondre à une question épineuse que les Corinthiens lui ont posée : est-il permis à un chrétien de manger de la viande offerte aux idoles ? Ce qui est intéressant dans ces chapitres, c'est que Paul n'a pas de réponse toute faite. C'est une nouvelle question d'éthique pour lui. Nous pouvons observer comment il arrive à la réponse peu à peu. Nous pouvons suivre le processus que Paul utilise, explorant d'abord un aspect du problème et ensuite un autre aspect. Et cela nous donne non seulement une idée de ce qui se passe dans la tête de l'apôtre, mais aussi un modèle pour prendre nos propres décisions éthiques.

Apparemment, la question avait été posée par les Corinthiens dans leur lettre (voir 7.1). La situation est la suivante : Corinthe, une ville très animée de l'empire romain, était remplie de temples païens et d'adorateurs païens. Les rituels païens impliquaient des sacrifices d'animaux. Puisque seule une petite partie symbolique de la viande de chaque animal était utilisée pour les rituels, le reste de la viande était vendu au marché de Corinthe. Les chrétiens corinthiens étaient apparemment divisés sur la question de savoir s'ils pouvaient en toute bonne conscience manger cette viande.

Certains dans l'église étaient sûrs que leur niveau d'instruction supérieur leur donnait la liberté de manger cette viande, puisqu'ils savaient que les rituels païens étaient basés sur une supposition erronée selon laquelle il existait plusieurs dieux.

Paul parle tout d'abord de la manière dont les Corinthiens prennent leur décision. Il indique clairement que c'est l'amour, et non la connaissance, qui devrait être le point de départ pour toute décision éthique (8.1-3).

Puis l'apôtre montre son accord – de principe – avec leur raisonnement. Bien sûr les dieux païens n'existent pas (v. 4). Il n'y a qu'un seul Dieu, le Père adoré par les Juifs et par les chrétiens, et un seul Seigneur, Jésus Christ (v. 6).

Paul poursuit : « Mais cette connaissance n'est pas chez tous » (v. 7). Certains chrétiens, spécialement ceux qui ont été nouvellement convertis, conservaient leur croyance en la réalité des dieux païens. La conscience de ces personnes, qui était faible, pouvait être heurtée par le fait de manger la viande des sacrifices.

D'une part, Paul dit que manger ou ne pas manger cette viande n'affecte pas notre relation avec Dieu (v. 8).

D'autre part (voyez comment l'esprit de Paul – et ses mains – fonctionnent ensemble), ceux qui comprennent cela ne devraient pas permettre que leurs connaissances deviennent une « pierre d'achoppement pour les faibles » (v. 9). Si un frère ayant une faible conscience voit un frère ayant une conscience plus affermie en train de manger une viande qui a été sacrifiée aux idoles, il pourrait être tenté de faire de même. Mais sa croyance persistante dans les idoles pourrait le faire craindre d'avoir péché.

« C'est pourquoi, conclut Paul, si un aliment scandalise mon frère, je ne mangerai jamais de viande, afin de ne pas scandaliser mon frère. » (v. 13).

Ayant atteint cette conclusion, Paul passe à une autre affaire qu'il avait déjà abordée dans le chapitre 4. Il avait subi de nombreuses critiques de la part de certains Corinthiens. Ici, il se défend encore contre ces critiques. Le problème, cette fois, est de savoir si un apôtre devrait être payé pour son œuvre ou s'il devait subvenir à ses propres besoins.

Tout d'abord, Paul donne des arguments raisonnés pour payer les travailleurs religieux (9.3-12a), mais il leur rappelle que quand il était à Corinthe il subvenait à ses besoins (vv. 12b-18). Actes 18.3 montre que Paul gagnait sa vie en tant que fabricant de tente pendant qu'il exerçait son ministère.

Puis Paul nous donne un merveilleux exemple de ses « tactiques » en tant qu'apôtre (vv. 19-23). Dans le but de gagner des convertis, l'apôtre a fait de son mieux pour avoir des relations avec tous les types de personnes, quel que soit le mode de vie particulier de chacun.

A ce stade, Paul a recours à une métaphore sportive (vv. 24-27). Les chrétiens sont comme des coureurs dans une course. Ils doivent être appliqués et disciplinés, éliminant toute activité excessive.

La dernière déclaration de Paul dans le chapitre 9, selon laquelle il se discipline afin de « ne pas être disqualifié pour le prix », le lance dans une exploration de l'histoire des Juifs. Le peuple que Moïse a mené hors d'Egypte, bien que peuple choisi de Dieu, n'est pas arrivé en entier à la Terre Promise. Beaucoup d'entre eux, à cause de leurs défaillances morales et spirituelles, sont morts dans le désert. Paul utilise cet exemple historique pour dire aux Corinthiens : « Ainsi donc, que celui qui croit être debout prenne garde de tomber » (v. 12). Puis, il nous fait la merveilleuse promesse qu'avec chaque tentation, Dieu donne un moyen de s'en sortir.

Pendant ces incursions dans le sujet des droits des apôtres et dans l'histoire des Juifs, l'esprit de Paul était évidemment toujours tourné vers la question de manger la viande offerte aux idoles. C'est en mentionnant l'idolâtrie des anciens Israélites qu'il est revenu sur le sujet. Encore une fois, nous avons le privilège de voir l'esprit du grand apôtre à l'oeuvre.

A présent, Paul parle de la signification de la communion chrétienne (vv. 14-17). En participant à ce repas, les chrétiens participent réellement au sacrifice de Christ. Cela a-t-il un rapport avec la question de manger la viande sacrifiée? Paul pense qu'il y en a un. Bien que les dieux païens ne soient pas réels, participer à un festin païen signifie participer à un acte d'adoration du démon, et les chrétiens ne peuvent « boire la coupe du Seigneur et la coupe des démons » (v. 21).

Paul imagine déjà ce que diront les Corinthiens libéraux : « Tout est permis » (v. 23), tout comme dans le verset 12 du chapitre 6. Mais Paul déclare qu'en exerçant sa liberté, un chrétien ne devrait pas chercher « son propre intérêt, mais que chacun cherche celui d'autrui » (v. 24).

Finalement, Paul en arrive à sa conclusion sur ce sujet dans les versets 25-30. Si les Corinthiens ne connaissent pas l'origine de la viande qui leur est proposée, ils peuvent la manger. Mais s'ils savent que la viande a été préalablement offerte à des idoles, alors dans l'intérêt des autres, ils devraient refuser.

Paul termine la discussion en leur enjoignant de tout faire pour la gloire de Dieu sans causer du tort à personne.

# ACTIVITÉS DE LA SESSION

## ABORDEZ LA PAROLE

### Comment prenez-vous des décisions éthiques?

La première partie de cette activité questionne vos élèves sur la manière dont ils prennent des décisions d'ordre éthique et moral. Lisez les méthodes suivantes, ou écrivez-les sur le tableau, et demandez à chaque élève d'écrire la méthode (ou les méthodes) qu'ils utilisent le plus souvent.

*Lorsque vous devez prendre la décision de savoir si une action ou une attitude est bonne ou mauvaise, comment vous y prenez-vous en général?*

1. *Je fais simplement ce qui semble bien.*

2. *Je demande conseil à mes parents.*

3. *Je cherche s'il y a une règle ou une loi qui peut s'appliquer.*

4. *Je fais ce que font mes amis.*

5. *Je fais ce que je vois à la télé.*

6. *Je cherche à savoir si quelqu'un pourrait être blessé par ma décision.*

7. *Je fais ce qui m'arrange le mieux.*

8. *Je parle à mon pasteur*

Laissez-les partager leurs réponses avec le groupe.

*Quelles sont les questions d'éthique ou de morale les plus difficiles auxquelles vous et vos amis êtes confrontés?* (Cette question est importante pour cette leçon et les réponses seront utilisées plus tard. Gardez une trace des suggestions des élèves en les copiant au tableau.)

# EXPLOREZ LA PAROLE

Tous les problèmes ne sont pas couverts par une règle. Les apôtres du premier siècle s'en rendaient souvent compte alors qu'ils tentaient de guider les jeunes églises. Dans les passages d'aujourd'hui, nous pouvons voir l'apôtre Paul suivre le processus de prise de décision éthique pour résoudre ce genre de problèmes. Commencez l'exploration de la Parole en expliquant la situation à Corinthe sur le fait de manger la viande offerte aux idoles. Assurez-vous que votre classe comprenne de quoi il s'agit.

## 1. DES CONSCIENCES FAIBLES ET DES ESTOMACS SOLIDES (8.1-13)

*Que va faire un païen entreprenant avec le reste de viande après un sacrifice aux dieux? La vendre, bien sûr! Le marché de Corinthe était rempli de viande à bon marché : La marchandise n'avait eu auparavant qu'un seul propriétaire – et c'était un dieu !*

Demandez à un élève de lire le chapitre 8.1-13 puis discutez des questions en groupe:

* *Le problème dont les Corinthiens avaient parlé à Paul dans leur lettre était le suivant: Un chrétien peut-il manger la viande qui a été utilisée dans un sacrifice païen ? Apparemment, il y avait des désaccords à ce sujet dans la congrégation. Avant de répondre directement à cette question, Paul présente quelques règles de base. D'après les versets 2-3, quel devrait être le point de départ pour trouver une réponse, la connaissance ou l'amour?*

  * *Puis Paul donne la « Réponse No. 1 » C'est une réponse logique, recherchée, et apparemment c'est celle*

sur laquelle les « philosophes » de l'Eglise corinthienne pariaient. Résumez la réponse contenue dans les versets 4-6.

* *Mais voici le problème avec la Réponse No. 1 tout le monde n'est pas assez instruit ou mûr pour comprendre que les idoles ne sont rien (v. 7). Que faire de ces personnes-là? Se moquer de leur immaturité? Soulignez l'erreur dans leur idée? Quelle est la « Réponse No. 2 » (vv. 9-13)?*

* *Aujourd'hui encore, nous connaissons le problème de la viande offerte aux idoles. Mais existe-t-il dans notre monde actuel des problèmes similaires à celui-ci (loisir, nourriture, boisson, etc.) ? Pouvez-vous citer un autre problème contemporain qui serait similaire à celui de la viande sacrifiée ? Comment les instructions de Paul nous aideraient-elles à résoudre ce problème ?*

## 2. DES APÔTRES A L'EPREUVE (9.1-27)

*Encore une fois Paul répond aux Corinthiens qui l'ont critiqués. Cette fois-ci il s'agit apparemment de compensation. Un apôtre devrait-il avoir un travail pour subvenir à ses besoins ou devrait-il être pris en charge par la congrégation?*

Demandez à un élève de lire le chapitre 9 à toute la classe puis discutez des questions ensemble :

* *Dans les versets 1-12a Paul dit qu'un apôtre ne devrait pas subvenir à ses besoins lui-même en faisant un travail laïc pendant qu'il prêche l'Evangile. Pouvez-vous résumer l'argumentation de Paul?*

* *Malgré cette argumentation, Actes 18.3 nous dit que Paul exerçait le métier de fabricant de tentes et qu'il subvenait à ses besoins grâce à ce travail pendant son séjour à Corinthe. Dans les versets 12b-18, Paul explique pourquoi il faisait cela. Quelle était la raison?*

* *Dans les versets 19-23 Paul révèle certaines de ces « tactiques » dans sa manière de prêcher l'Evangile. Quelles sont-elles?*

- *La dernière portion de ce chapitre est construite autour d'une illustration sportive. Paul compare la vie chrétienne à une course. Que signifient ces versets pour vous particulièrement?*

## 3. CEUX QUI NE SE SOUVIENNENT PAS DU PASSÉ SONT CONDAMNÉS À LE RÉPÉTER (10.1-13)

*Après avoir dit qu'il espère qu'il ne sera pas « rejeté » (9.27), Paul se souvient des leçons apprises par les Israélites pendant leur exode d'Egypte.*

Lisez les versets à haute voix et discutez des questions suivantes :

- *Connaissez-vous une personne qui pense que parce qu'elle est membre de l'Eglise, elle ira automatiquement au ciel? Apparemment, certaines personnes à Corinthe étaient de cet avis. Elles avaient été baptisées, elles participaient à la Sainte Cène et elles étaient membres de la congrégation. Que dit la référence de Paul à l'histoire des Israélites dans l'Ancien Testament (versets 1-5) à ces personnes?*

- *Qu'est-ce que certains les anciens Israélites ont fait et qui les amené à perdre leur position de peuple choisi de Dieu (vv. 6-10)? Pouvez-vous citer des exemples contemporains de ces comportements?*

- *Paul prévient : « Ainsi donc, que celui qui croit être debout prenne garde de tomber. » (v. 12). Mais ensuite, il donne une solution préventive fiable. Quelle est-elle?*

- *Nous ne voulons pas prendre cette section trop à la légère et nous voulons éviter les incompréhensions. Certaines personnes, après avoir lu des passages comme celui-ci, pensent qu'elles courent toujours le risque de perdre leur salut. Ce sont ces personnes qui sont constamment à l'autel de prière, s'assurant qu'elles sont toujours correctes aux yeux de Dieu. D'un autre côté ... eh bien, à vous de décrire ce qu'est l'opposé de cette attitude. Décrivez le type de personne qui ne prête aucune attention à ce genre d'avertissement.*

## 4. EN RÉSUMÉ, VOUS ÊTES LIBRES ... DE PRENDRE LA BONNE DÉCISION (10.14-11.1)

*Dans cette section Paul résume tout ce qu'il a dit en réponse à la question des Corinthiens sur le fait de manger de la viande qui a été offerte aux idoles. Lorsque vous lisez ce passage, ne pensez pas qu'il s'agit d'une vieille querelle sur un sujet qui n'a aucune importance pour vous. Vous pouvez penser également à un problème éthique contemporain auquel vous et vos amis êtes confrontés et vous pouvez le substituer au problème de la viande sacrifiée pendant la lecture du passage.*

Après avoir lu ces versets à haute voix, discutez des questions avec les élèves :

- *Paul commence avec une belle explication de ce qui se passe pendant un service de sainte cène (communion) (vv. 14-17). Puis, il fait un parallèle avec le service païen (vv. 18-22). En quoi cela répond-il à la question sur le fait de manger de la viande sacrifiée aux idoles?*

- *Une fois encore Paul cite les Corinthiens, comme il l'a fait dans le chapitre 6.12, « Tout est permis » (10.23). Puis, il écrit une ligne que nous devrions tous prendre à coeur (v. 24). Quel serait le rapport entre cette instruction et le problème éthique que vous vivez aujourd'hui?*

- *Pour finir, dans les versets 25-30, Paul donne une réponse concrète et pratique à la question des Corinthiens. Cette réponse a-t-elle un rapport avec votre problème contemporain?*

- *Dans le passage 10.31-11.1 Paul conclut cette section de la lettre en reformulant ce qu'il a dit dans le verset 24. A quel point vos motivations concordent avec celles-ci?*

Avant d'en finir avec cette partie de la leçon, assurez vous que tout le monde comprenne le processus de prise de décision que Paul nous a montré ici. Les détails de la controverse sur le fait de manger de la viande sacrifiée ne sont pas vraiment aussi importants que le processus.

# EXAMINEZ LA PAROLE

## *Les Tortues Désaxées*

Cette activité permet à vos élèves « d'appliquer » les principes de Paul à un problème contemporain. Voici un bref dialogue entre deux jeunes qui essayent de décider s'il est convenable pour eux d'aller à un concert bien particulier. Demandez à deux de vos élèves de lire le dialogue.

## *LES TORTUES DÉRANGÉES*

Tom et Kathy ont été invités par des amis à les accompagner à un concert des Tortues Désaxées. C'est le concert le plus chaud de la saison, tout le monde y sera. Tom a déjà accepté l'invitation, mais Kathy est un peu soucieuse. Ecoutons leur discussion :

**TOM** : Allez, Kathy. Ça va être un grand concert. Quel est ton problème ?

**KATHY** : Mon problème c'est que je pense que certaines des chansons des tortues désaxées ne sont pas, comment dire, convenables.

**TOM** : Quelle chanson ?

**KATHY** : La chanson « Blue Turtles Rock » par exemple… c'est une chanson ouvertement raciste. Et qui fait l'éloge de la violence et de l'utilisation de la drogue.

**TOM** : Arrête, Kathy ! C'est juste une chanson ! Personne ne fait attention aux paroles.

**KATHY** : Je parie que tu ne dirais pas cela si tu venais d'un autre pays.

**TOM** : Attends une minute. Comment ça se fait que tu connaisses si bien les paroles ?

**KATHY** : J'ai leur album.

**TOM** : Aha ! Tu écoutes leur musique ! Alors, comment peux-tu dire que ce n'est pas bien d'aller à leur concert ?

**KATHY** : Ecouter leur musique dans ma chambre est une chose, mais aller à un concert public où tout le monde pourra nous voir, c'est différent.

**TOM** : Et en quoi c'est différent ?

*Arrêtons la discussion ici pour que vous ayez l'opportunité d'y participer. Y a-t-il un dilemme ? En utilisant les principes que Paul à utilisés pour prendre sa décision éthique concernant les Corinthiens, comment pouvez-vous aider Tom et Kathy ?*

- *Quelle est la différence entre écouter l'album dans la chambre et aller au concert ? Existe-t-il vraiment une différence ?*

- *Le texte ne dit pas si Tom et Kathy sont chrétiens. Est-ce que cela fait une différence ?*

- *Les choses se passeraient-elles différemment si Tom et Kathy fréquentaient une église formée par une congrégation dans laquelle plusieurs nationalités sont présentes ?*

- *Lequel des principes de Paul est le plus approprié pour ce problème ?*

# VIVEZ LA PAROLE

## *Et vos problèmes, alors ?*

Maintenant que vos élèves ont eu un exercice d'application, donnez-leur l'opportunité de travailler sur un des problèmes contemporains qu'ils ont identifiés dans la première activité. (Assurez-vous de préparer vous-mêmes certains problèmes contemporains à utiliser au cas où le groupe ne trouve pas de problèmes assez intéressants dans la première activité.) Laissez les élèves décider à quel problème ils veulent s'attaquer.

Il est important que vous les laissiez faire le travail par eux-mêmes autant que possible. N'intervenez dans la discussion que lorsque vous pensez qu'ils sont bloqués ou lorsqu'ils semblent sortir du sujet. Souvenez-vous que l'important ici est de mettre l'accent sur l'apprentissage du processus de prise de décision. Si votre participation est perçue comme autoritaire, cela pourrait court-circuiter le processus.

Terminez la session en lisant le verset clé (1 Corinthiens 10.31) et en mettant vos jeunes au défi d'utiliser ce verset comme un principe directeur dans leurs prises de décision.

Terminez par une prière.

## PASSAGE BIBLIQUE

1 Corinthiens 11.2-12.31

## VERSET CLÉ

« *Or, à chacun la manifestation de l'Esprit est donnée pour l'utilité commune* » (1 Corinthiens 12.7).

## OBJECTIFS DE LA LEÇON

Aider les élèves à :

1. comprendre que l'Eglise est le corps de Christ – un corps composé de personnes qui sont unies et attentionnées et qui possèdent des dons.

2. désirer que leur propre groupe fonctionne comme le corps de Christ.

3. prendre des mesures pour se valoriser les uns les autres et prendre soin les uns des autres, en tant que membres du corps de Christ.

# LEÇON 5

# Comment l'Eglise devrait fonctionner

## CONTEXTE BIBLIQUE

Dans le chapitre 11 Paul passe à un sujet très sérieux, auquel il va consacrer 4 chapitres. Une congrégation, ce n'est pas juste un ensemble d'individus différents ; c'est une unité, un groupe, un corps. Au centre de la vie de chaque congrégation, il y a le temps que les membres passent ensemble, particulièrement, le temps d'adoration. Cependant, la congrégation de Corinthe risquait de se déconnecter de ce centre. Les attitudes de discorde et d'arrogance de certains Corinthiens, dont nous avons déjà parlé, menaçaient le noyau même de l'Eglise à Corinthe. Leurs services d'adoration étaient désordonnés, leur célébration de la Sainte Cène était remplie de préjugés et de discrimination, et les leaders de la congrégation étaient pris dans une guerre de pouvoir et de position.

Paul commence à traiter ces problèmes, dans 11.2-16, en abordant un sujet qui est encore troublant et controversé aujourd'hui : le rôle des femmes dans l'église. Paul commence par souligner sa vision de l'ordre de la création dans le verset 2. Dans ces versets le mot chef doit être compris comme signifiant « origine » ou « source » et non « autorité » ou « dirigeant ». Malheureusement, cette distinction n'a pas toujours été comprise. Paul écrit que Dieu le Père est la Source de Christ le Fils. Christ est la Source de l'homme. (Paul parle aussi de sa compréhension de Christ en tant qu'Agent actif dans la création dans 1 Corinthiens 8.6 et Colossiens 1.15-17.) Enfin, l'homme est la source de la femme (voir Genèse 2.21-22).

Le passage suivant, versets 4-10, doit être compris dans le contexte historique et culturel dans lequel il a été écrit. A l'époque de Paul, les femmes portaient les cheveux longs et couvraient leur tête en public. Seules les femmes de petite vertu, telles que les prostituées, coupaient leurs cheveux ou sortaient sans couvrir leur tête. Paul ne soutient ni ne conteste cette coutume. Il l'accepte tout simplement. Il est plutôt préoccupé par la correction dans l'église et non par la mode. A cause de la coutume, les femmes dans l'église devraient garder leurs cheveux longs et se couvrir la tête.

Dans les versets 11-12 Paul déclare que les hommes et les femmes sont interdépendants et égaux aux yeux de Dieu. Comparez cela avec Galates 3.28 : « Il n'y a plus ni Juif ni Grec, il n'y a plus ni esclave ni libre, il n'y a plus ni homme ni femme ; car vous êtes un en Jésus Christ ».

Les questions que Paul pose dans les versets 13-15 auront des réponses différentes selon qu'elles sont posées à des personnes de notre temps et de notre culture ou à des personnes du premier siècle.

Dans le verset 17 Paul passe à un problème plus sérieux, les perturbations durant la Sainte Cène. Dans nos services, la Sainte Cène comprend la distribution de petites quantités de jus et de pain. Mais au premier siècle, la Sainte Cène était un repas complet, auquel Jude fait référence sous les termes de « repas fraternel » (Bible en Français Courant) Agapes (Louis Segond) (Jude 12). A Corinthe, les différentes parties (clairement déterminées par les classes économiques) mangeaient chacune de son côté. Certaines mangeaient copieusement tandis que d'autres avaient faim. Ce qui aurait du être une célébration de l'unité était devenu un outil pour séparer les nantis des démunis.

Paul donne une belle description de la Sainte Cène originelle dans les versets 23-26. Ce passage est fréquemment utilisé dans nos services de communion. Puis, dans les versets 27-34 Paul prévient sévèrement les Corinthiens que leur comportement est blasphématoire.

Le chapitre 12 entame la discussion sur un élément très sérieux dans le désordre de l'Eglise corinthienne. Il est clair que certains membres de la congrégation se sentaient supérieurs à cause des « dons » qu'ils mettaient en pratique dans l'Eglise.

Nous devrions nous arrêter ici pour définir le mot don, puisque c'est le thème des trois prochains chapitres. Les « dons » et les « talents » sont deux choses différentes. De nombreuses personnes, aussi bien chrétiennes que non chrétiennes, possèdent des capacités naturelles. Ce sont les talents ; ils peuvent être utiles dans de nombreux domaines. Mais quand le Saint-Esprit donne à un croyant la capacité d'exercer un ministère dans l'église, là il s'agit d'un don et son utilisation est limitée à l'église. Une personne qui a une belle voix qui divertit très bien un public profane peut ne pas émouvoir une congrégation chrétienne. Toutefois, une autre personne, avec une voix moins agréable, peut néanmoins émouvoir une congrégation aux larmes, par la joie ou la louange. La première personne montre son talent ; la seconde utilise un don.

Le désir de Paul est de faire comprendre clairement aux Corinthiens que tous les dons viennent du Saint-Esprit (vv. 4, 11) et son donnés « pour l'utilité commune » de l'Eglise (v. 7). Il fait une liste de plusieurs des dons les plus communs dans les versets 8-10. Cette liste ne doit pas être considérée comme exclusive, elle est plutôt représentative. (N.B. : les dons de « diversité des langues » et « l'interprétation des langues » seront traités dans les leçons suivantes.)

Dans la prochaine section (vv. 12-31) Paul nous donne une des conceptions les plus originales et les plus importantes de la nature de l'Eglise. L'Eglise est le Corps de Christ (v. 27). Et tout comme notre corps physique, le corps métaphysique de Christ est composé de plusieurs membres. Paul utilise l'humour dans les versets 15-21 pour montrer que chaque partie du corps est nécessaire. Mais ces parties qui semblent être « les plus faibles » (v. 22) ou « les moins honorables » (v. 23) sont cruciales pour le bon fonctionnement du corps.

A cause de cette interconnexion cruciale entre les parties du corps, il ne devrait pas y avoir de « divisions dans le corps » et les membres devraient avoir « soin les uns des autres » (v. 25). Puis Paul donne une merveilleuse instruction : « Et si un membre souffre, les membres souffrent avec lui ; si un membre est honoré, tous les membres se réjouissent avec lui. » (v. 26).

Et c'est ainsi que cela devrait se passer dans le Corps de Christ.

# ACTIVITÉS DE LA SESSION

## ABORDEZ LA PAROLE

### Le canot de sauvetage du groupe de jeunes

Commencez cette leçon en posant à votre classe le ridicule dilemme suivant : huit jeunes imaginaires de l'Eglise Eastside qui doivent faire passer deux de leurs membres par dessus bord. Votre groupe doit dire lequel des deux jeunes sera jeté dans les eaux froides. Le but de cette activité, bien entendu, est d'aider vos jeunes à confronter leurs idées sur la valeur des membres individuels d'un groupe. Cela les « prépare » pour la leçon suivante.

### Le Canot de sauvetage du groupe de jeune

Imaginez que les huit membres de l'Eglise Eastside voyagent en bateau vers l'Europe quand leur paquebot heurte un iceberg. Tous les membres du groupe montent dans un canot de sauvetage et sont mis à la mer. Bientôt, ils comprennent que le canot de sauvetage est équipé seulement pour six personnes. Il faut que deux jeunes soient jetés par-dessus bord, sinon c'est le groupe tout entier qui périra.

Voici la liste des huit membres du groupe, accompagnée d'une brève description de chacun d'eux. Vous devez designer les deux membres qui doivent quitter le canot !

- Tony est une star du basket-ball de 17 ans qui n'a jamais professé qu'il était un chrétien né de nouveau. Il fréquente l'église de manière irrégulière, mais quand il vient, il ramène généralement plusieurs amis avec lui.

- Mariah a 16 ans et elle est connue pour sa très belle voix. Elle chante dans la chorale de l'église et c'est généralement elle la soliste du groupe. Elle ne rate jamais l'Ecole du Dimanche mais n'est pas très active dans le groupe de jeunes.

- Melinda a 14 ans et viens juste de commencer à fréquenter l'église. C'est une jeune fille très timide et très calme qui ouvre rarement la bouche. Elle vit avec sa mère dans un petit appartement de l'autre côté de la ville.

- Michael, 17 ans, est le fils du président d'une banque locale. Sa famille apporte de grosses sommes d'argent à l'église et c'est souvent lui qui paye quand les membres du groupe de jeunes vont se chercher à manger après l'église.

- Steve, un élève de terminale, est le président du groupe de jeunes à l'église. Il a une personnalité dynamique et sait vraiment comment faire avancer le groupe. Il veut être pasteur.

- Marianne a 18 ans et elle a un bébé né hors mariage. Elle se bat en tant que fille-mère et elle était très désireuse de faire ce voyage pour s'éloigner du bébé pendant un moment. Sa mère s'occupe du bébé pendant son absence.

- Kevin, 15 ans, est le clown du groupe. Il a le chic pour détendre les atmosphères les plus sérieuses ; pour remonter le moral des personnes les plus déprimées. Fils de parents alcooliques, il

est le seul dans sa famille à fréquenter l'église. Il donne un témoignage clair et convaincant de la manière don Dieu l'a sauvé pendant les cours de vacances d'étude biblique il y a 4 ans.

- Tania, 17 ans, est souvent citée comme la « rebelle » du groupe. Bien qu'elle vienne régulièrement aux réunions du groupe, tous les jeunes de l'école savent qu'elle fait souvent la fête avec un groupe de délinquants. Elle n'a jamais prétendu être chrétienne.

Laissez votre classe discuter de ce dilemme pendant autant de temps que possible. Il n'est pas utile d'arriver à une conclusion.

# EXPLOREZ LA PAROLE

*Le problème suivant de l'église corinthienne traité par Paul est celui de l'adoration désordonnée. L'apôtre ne parle pas de jeunes qui font du bruit ou de bébés qui pleurent. Ce problème est bien pire.*

## 1. HOMMES ET FEMMES PENDANT L'ADORATION (11.2-16)

*Ce passage est peut-être le plus troublant et le plus controversé du Nouveau Testament. Paul commence par aider les Corinthiens à mettre de l'ordre dans leurs services d'adoration. Et il commence à un niveau très difficile à comprendre pour nous aujourd'hui.*

Lisez ces versets puis discutez des questions ensemble :

- *Quelle est votre première réaction face à ces versets? Soyez honnêtes !*

- *Dans le verset 3, le mot « chef » signifie source et non « autorité ». Paul décrit l'ordre de l'existence :*

1. *Dieu le Père est la source de Christ le Fils.*

2. *Christ est la source de l'homme. (Paul montre également sa compréhension de Christ en tant qu'agent actif de la création dans 1 Cor. 8.6 et Col. 1.15-17).*

3. *L'homme est la source de la femme (Gen. 2.21-22).*

- *Ces versets doivent être lus conjointement avec les versets 11-12. A la lumière de ces indications, que dit Paul sur la relation entre hommes et femmes?*

- *Les versets 4-10 et 13-16 forment l'un des nombreux passages du Nouveau Testament qui doivent être compris dans leur contexte historique et culturel. Le monde que Paul et les Corinthiens connaissaient avait des règles très strictes sur la manière dont les hommes et les femmes devaient s'habiller et se comporter. Les seules femmes qui coupaient leurs cheveux ou sortaient en public sans se couvrir la tête étaient les prostituées et autres femmes de petite vertu. Les femmes décentes et de grande moralité portaient les cheveux longs et les couvraient en public. Pourquoi cette coutume a-t-elle poussé Paul à écrire ces versets?*

- *D'après vous, comment un chrétien contemporain doit-il considérer ces versets? Toutes les femmes devraient-elle continuer à porter les cheveux longs et à couvrir leur tête ? Pourquoi ?*

- *Pouvez-vous penser à des habitudes vestimentaires qui pourraient illustrer ce que Paul essaye de dire?*

## 2. CONFUSION PENDANT LA COMMUNION (11.17-34)

*Pour beaucoup de personnes, la communion c'est une gorgée de jus de raisin et un morceau de pain pendant le culte du dimanche. Au premier siècle, cependant, la communion c'était prendre part à un repas complet. (Souvenez-vous que Jésus a initié cette cérémonie pendant qu'Il mangeait avec ses apôtres le repas de la pâque.) Alors que la « Sainte Cène » revêtait généralement une atmosphère de repas de toute l'église (Jude appelle même cela « agape » dans le verset 12 de cette courte lettre), à Corinthe, elle était devenue le* symbole des autres problèmes que la congrégation connaissait à ce moment-là.

Lisez les versets et répondez ensemble aux questions :

- *Dans les versets 17-22 Paul cite trois comportements qui causent le désordre dans la Sainte Cène à Corinthe. Pouvez-vous identifier ces comportements?*

- *Les versets 23-26 vous sont probablement familiers, car ils sont souvent lus lors des services de communion. Ne laissez pas cette familiarité vous empêcher d'en saisir le sens. Que voulait dire Jésus quand Il a déclaré que le pain était Son corps et que la coupe était Son sang?*

- *Le verset 26 est la clé pour comprendre pourquoi la communion fait toujours partie de nos rituels 19 siècles plus tard. Que faites-vous à chaque fois que vous participez à cette cérémonie? Avez-vous pensé à cela la dernière fois que vous avez pris la communion?*

- *A la lumière de qu'a dit Paul dans les versets 17-22, que veut-il dire par « indignement » dans le verset 27?*

## 3. UN DON? POUR MOI? (12.1-11)

Qui est plus important dans votre église : le pasteur, le professeur de l'école du dimanche, le membre de la chorale, ou le gardien? Si vous avez répondu n'importe laquelle de ces positions, vous devez lire ces versets ! Certains membres de l'église de Corinthe étaient convaincus qu'ils étaient plus importants que d'autres parce qu'ils avaient des dons meilleurs – ou au moins plus voyants.

Lisez le chapitre 12.1-11 puis répondez aux questions :

- *Tout d'abord, nous devons faire la différence entre « dons » et « talents ». De nombreuses personnes, aussi bien chrétiennes que non chrétiennes, naissent avec un talent naturel comme une belle voix, des aptitudes athlétiques, ou un esprit d'entreprise. Cependant, les « dons » impliquent une capacité particulière donnée par le Saint-Esprit pour aider l'église (v. 7). Dans les versets 4-6 Paul rappelle aux Corinthiens que tous les dons viennent de Dieu. Qu'est-ce que cela signifie à propos de leur tendance à mettre un don au dessus de l'autre?*

- *Notez que dans les versets 7 et 11 Paul dit la même chose : les dons sont donnés à « chacun ». Qu'est-ce que cela signifie pour notre groupe?*

- *Une des manières de fonctionner du Corps de Christ, c'est à travers les dons individuels de chaque membre. Dans 12.7-10, Paul cite de nombreux dons que plusieurs membres d'une congrégation pourraient posséder. La définition exacte de ces dons ou d'autres dons n'est pas aussi importante que les principes que Paul nous donne à propos de ces dons. En pensant à votre groupe de jeunes, réécrivez ces versets avec vos propres mots, afin qu'ils s'appliquent à votre groupe : 1 Corinthiens 12.4-6, 1 Corinthiens 12.7, 1 Corinthiens 12.11*

## 4. L'OS DE LA CHEVILLE RELIÉ A L'OS DU TIBIA (12.12-31)

Et si les différentes parties de votre corps faisaient un concours pour voir laquelle est la plus importante? A votre avis, quelle partie gagnerait? Quelle partie perdrait? Voudriez-vous que la partie perdante soit ôtée de votre corps? Cette illustration, Paul l'utilise dans ces versets pour tenter d'aider les Corinthiens à comprendre que tous les membres de l'Eglise sont importants.

- *Divisez votre classe en groupes de trois ou quatre élèves. Demandez aux groupes de lire le passage et de relever les points principaux. Après avoir effectué ce travail, ils devront faire un compte rendu à la classe. Plusieurs élèves noteront les idées suivantes :*

1. Tous les membres du corps forment un ensemble uni.

2. Chaque membre du corps est nécessaire.

3. Même les membres les plus faibles sont importants.

4. Les membres du corps devraient prendre soin les uns des autres.

- *Pendant un instant, pensez à votre groupe de jeunes comme à une plus petite version du Corps du Christ. (C'est le cas, vous savez !) Réécrivez chacun des versets suivants avec vos propres mots afin qu'ils s'appliquent à votre groupe de jeunes : 1 Corinthiens 12.18, 1 Corinthiens 12.22-23, 1 Corinthiens 12.25, 21 Corinthiens 12.26*

Laissez-les travailler individuellement à réécrire ces versets avec leurs propres mots. Puis, demandez à plusieurs d'entre eux de partager ce qu'ils ont écrit. Continuez d'insister pour qu'ils appliquent ces Ecritures à votre groupe.

*Vous êtes-vous déjà fait une entorse à la cheville ? Avez-vous remarqué comment chaque autre partie de votre corps semble travailler plus pour compenser cette faiblesse ? C'est ce que dit Paul dans le verset 26. D'après vous, comment votre groupe de jeunes ou équipe de quiz se débrouille en matière d'attention prodiguée à un membre qui souffre ?*

# EXAMINEZ LA PAROLE

## Il est temps de faire un bilan de santé

*Chaque personne (y compris chacun de vous) a un don à utiliser pour le bien du groupe. De nombreux jeunes pensent qu'ils n'ont aucun don. Nous devons nous rappeler que tous les dons ne sont pas voyants, ne sont pas des dons publics (comme le chant ou la prédication). Certains dons sont discrets, personnels, comme le fait d'encourager d'autres jeunes, de remarquer quand une personne est tenue à l'écart d'une activité, de donner du temps et de l'énergie discrètement dans des services tels que la préparation de la salle pour l'Ecole du Dimanche* ou le nettoyage après une fête. Sans oublier les dons comme être capable d'organiser une activité ou de motiver le groupe afin qu'il s'implique.

*Pensez à chaque membre de notre groupe. Paul dit que chacun a un don.*

1. *Faites une liste des membres du groupe, vous compris. A côté de chaque nom, inscrivez le don que, d'après vous, la personne possède ; y compris vous-même.*

2. *Pensez-vous que chaque personne utilise son don « pour l'utilité commune » (v. 7) de votre groupe ? Est-ce que chaque personne bénéficie de la possibilité et des encouragements pour utiliser son don ? Si ce n'est pas le cas, pourquoi ? Utilisez-vous votre don pour le bien du groupe ?*

Accordez quelques minutes à vos jeunes pour partager leurs réponses. Commencez par choisir un jeune ; tous les jeunes dans le cercle devront lire le don qu'ils ont inscrit à côté du nom de l'élève choisi. Puis, vous passez à un deuxième jeune, en suivant la même procédure, et ainsi de suite jusqu'à ce que chaque jeune ait entendu les dons que ses camarades ont noté chez lui.

Pour les prochaines questions, les jeunes n'ont pas besoin de répondre à haute voix. Accordez du temps aux élèves pour réfléchir sur la question de savoir si tous les membres exercent les dons qui viennent d'être mentionnés. Si ce n'est pas le cas, le problème c'est peut-être qu'ils ne sont pas encouragés ou qu'on ne leur permet pas d'utiliser leurs dons. Comment votre groupe peut-il faire pour encourager un peu plus chaque membre ?

# VIVEZ LA PAROLE

## Lorsqu'il y en a un qui pleure, nous pleurons tous

Demandez à un élève de lire 1 Corinthiens 12.22-23 : « Mais bien plutôt, les membres du corps qui paraissent les plus faibles sont nécessaires ; et ceux que nous estimons être les moins honorables du corps, nous les entourons d'un plus grand honneur. » et 1 Corinthiens 12.26 : « Et si un membre souffre, tous les membres souffrent avec lui ; si un membre est honoré, tous les membres se réjouissent avec lui. »

- Je veux que vous réfléchissiez en silence à la question de savoir si vous valorisez chaque membre de votre groupe. Etes-vous assez au courant de la vie des uns et des autres pour vous apercevoir quand un membre est dans la peine ?

- Partagez-vous cette peine?

- Partagez-vous également les victoires des uns et des autres?

Terminez par un temps pour la prière silencieuse afin que vos jeunes puissent sonder leur coeur en réponse à cette leçon.

Terminez par une prière.

# LEÇON b

# Le plus grand de tous

## PERSPECTIVE

Plus les choses changent, plus elles restent les mêmes. Un visiteur venu de l'époque de Paul ne reconnaîtrait pas nos églises car il n'y trouverait rien qui ressemble à son expérience personnelle. L'architecture a changé, la musique a changé, le mode d'adoration a changé. Le ministère chrétien a beaucoup bénéficié des sciences du XXIème siècle tels que la sociologie, la psychologie, les communications, la technologie informatique, la démographie et les relations publiques. Alors que les prêcheurs s'adressaient à des congrégations de 50 à 100 personnes, il y a à peine quelques années ; de nos jours, les prédicateurs s'adressent à un auditoire de dizaines de milliers de personnes. Le ministère des jeunes, qui n'existait même pas il y a un siècle, est aujourd'hui une profession prospère assistée par des magazines, des éditeurs, des séminaires et sanctionnée par des diplômes.

Mais il y a une chose qui n'a pas changé. Quelle que soit l'évolution de *l'apparence* de l'Eglise, il y aura toujours une qualité qui doit former *la fondation* pour tout le ministère – l'amour.

## PASSAGE BIBLIQUE

1 Corinthiens 13.1-14.40

## VERSET CLÉ

« *Maintenant donc ces trois choses demeurent : la foi, l'espérance, l'amour ; mais la plus grande de ces choses, c'est l'amour.* » (1 Corinthiens 13.13).

## OBJECTIFS DE LA LEÇON

Aider les élèves à :

1. identifier l'amour comme la qualité qui doit former la base du Corps de Christ et de l'application de tous les dons.

2. désirer témoigner des caractéristiques de l'amour chrétien.

3. examiner leur propre vie à la recherche des caractéristiques de l'amour chrétien.

Cette leçon aidera vos jeunes à comprendre les caractéristiques de l'amour chrétien authentique, particulièrement lorsqu'il est exercé dans le contexte de l'église. Elle les encouragera à utiliser l'amour comme un critère d'organisation de leur vie.

# CONTEXTE BIBLIQUE

Dans le chapitre 11, Paul a parlé aux Corinthiens de la discorde et du désordre qui régnait pendant leurs moments de rencontre. Quand nous lisons les chapitres 11-14, nous avons l'impression que les services d'adoration devaient y être vraiment désordonnés.

A la fin de la discussion de l'apôtre sur le Corps de Christ et sur la place des divers dons, il écrit : « Aspirez aux dons les meilleurs. Et je vais encore vous montrer une voix par excellence. » (12.31). C'est une des meilleures promotions pour un des meilleurs chapitres du Nouveau Testament, 1 Corinthiens 13.

Dans ce chapitre, Paul appelle les Corinthiens à aspirer à l'amour. Dans les trois premiers versets, il commence par dire que quel que soit le don qu'une personne possède, si elle ne l'exerce pas avec amour, il est inutile. Même le don de prophétie, qui est considéré par l'apôtre comme le meilleur don (14.1), n'a aucune valeur sans l'amour.

Dans les versets 4-7, qui comptent parmi les versets les mieux connus de la Bible, Paul chante de manière éloquente un hymne de louange à l'amour. Il donne une liste de quinze (15) caractéristiques de l'amour : il est patient, il est plein de bonté, il n'est pas envieux, il ne se vante pas, il ne s'enfle pas d'orgueil, etc. Dans une traduction moderne, ces 15 caractéristiques sont claires et simples. Ces versets peuvent même être utilisés dans une liste d'évaluation pour connaître la qualité de l'amour que nous avons les uns pour les autres.

Bien que ces versets ressemblent à un exemplaire type de carte de voeux, nous ne devons pas perdre de vue le contexte. Paul parle de la congrégation de chrétiens et de la manière dont ils se comportent les uns avec les autres. Ce type d'amour devrait être exercé dans les relations entre croyants.

Dans le verset 8 Paul donne la 16ème caractéristique de l'amour : il ne « périt jamais ». Cela le ramène à une comparaison des dons spirituels. La prophétie, le parler en langues et la connaissance sont temporaires. Seul l'amour perdure. La raison pour cela, écrit Paul, est que ces dons sont limités par notre état mortel. En tant qu'humains, nous voyons la vérité comme « une image confuse, pareille à celle d'un miroir » (Bible en Français Courant) (v. 12). Mais l'amour est si proche de la nature même de Dieu qu'il présente les caractéristiques de l'éternité. Souvenez-vous que l'apôtre Jean écrit que « Dieu est amour » (1 Jean 4.8). L'amour est la première caractéristique du Père. Et quand nous agissons dans l'amour, nous agissons à la manière de Dieu.

Paul conclut ce grand chapitre en disant que ces trois qualités sont éternelles : la foi, l'espérance et l'amour. « Mais la plus grande de ces choses, c'est l'amour » (13.13).

Dans 14.1, l'apôtre reprend l'idée avec laquelle il a terminé le chapitre 12 : « aspirez aux dons spirituels ». Puis il passe à la comparaison entre le don de prophétie et le don du parler en langues.

Paul s'intéresse aux questions de la validité et de l'efficacité du don du parler en langues dans les 25 versets suivants. Nous nous souvenons que le jour de la pentecôte, les apôtres étaient « remplis du Saint-Esprit et se mirent à parler dans d'autres langues » (Actes 2.4). D'après le contexte de ce verset, il est clair que les apôtres parlaient dans des langues connues. Les pèlerins présents à Jérusalem, qui venaient de « toutes les nations qui sont sous le ciel », ont tous entendu l'Evangile dans leur « propre langue » (vv. 5-6). Le don du parler en langues a été donné par le Saint-Esprit pour la propagation de l'Evangile.

Cependant, le don que certains Corinthiens mettaient en avant était différent. Ils parlaient des langues extatiques et inconnues. Ce don, une pâle imitation du don du parler en langues, produisait un effet spectaculaire, mais n'avait que peu ou pas de mérite. De tous ceux qui écoutaient, aucun ne comprenait ce que ces personnes disaient (vv. 2, 9, 16, 19, 23). En fait, les orateurs eux-mêmes ne savaient pas ce qu'ils disaient (vv. 14-15).

Paul ne reproche pas aux Corinthiens de manifester ce don, bien qu'il montre clairement qu'il ne l'apprécie pas vraiment. Si nous regardons cela à la lumière de 9.20-23, nous voyons Paul essayer encore une fois d'avoir des relations avec tout le monde dans le but d'annoncer l'Evangile.

Paul compare le don du parler en langues à celui de la prophétie dans ce passage (vv. 1, 3-5, 12, 24). Etant donné que ceux qui écoutent un message en langues n'y comprennent rien, ce don est de loin inférieur à celui de la prophétie. Nous pensons quelques fois que la « prophétie » signifie annoncer le futur. Mais ce n'est pas le sens biblique du mot. La « prophétie » est la capacité de communiquer la Parole de Dieu d'une manière claire et émouvante. La prophétie est plus un « message venant de Dieu » qu'un « présage ».

Bien que Paul reconnaisse qu'il peut y avoir une valeur personnelle à posséder le don du parler en langues, sa valeur pour le Corps de Christ est minime (v. 4). C'est pourquoi il décourage son utilisation à Corinthe.

Dans la deuxième moitié du chapitre 14 Paul donne des instructions très pratiques pour la conduite d'un service d'adoration public. Si nous « lisons entre les lignes », nous pouvons en déduire que les services d'adoration des Corinthiens ressemblaient plus à un cirque à trois pistes qu'à un service d'adoration ordonné. Apparemment, tous les membres allaient à l'église avec la volonté enthousiaste de participer (v. 26). Ce n'est probablement pas mauvais, sauf que leur participation n'était pas ordonnée et que l'évènement prenait plutôt des allures de compétition. Dans les versets 27-32 Paul tente d'apporter l'organisation nécessaire.

Les versets 34-35 nous ramènent encore au problème du rôle de la femme pendant l'adoration. La plupart des églises du premier siècle étaient bâties sur le modèle des synagogues juives. Dans la synagogue, les hommes s'asseyaient d'un côté du bâtiment et les femmes s'installaient de l'autre côté. Les hommes dirigeaient et participaient au service ; les femmes écoutaient en silence. (Ce modèle existe toujours dans les services juifs orthodoxes.) Dans l'éducation juive, seuls les garçons étudiaient les Ecritures. Les femmes ne pouvaient même pas les lire et encore moins se mêler aux hommes dans la tâche d'interprétation des Ecritures.

Dans le monde profane, les femmes s'effaçaient devant les hommes. N'ayant pas d'instruction et ne possédant aucune propriété personnelle, elles ne participaient pas aux affaires ou au gouvernement.

Avec ce contexte culturel, si nous considérons ces versets ainsi que le passage 11.3-10, nous pouvons avoir une meilleure compréhension du problème traité par Paul. Nous pouvons en déduire que certaines Corinthiennes, dans leur volonté de participer au cirque à trois pistes, ont dérogé aux coutumes locales et aux « règles » ; elles se comportaient comme des femmes indécentes, ce qui contribuait à la confusion mais aussi augmentait le chaos. Tentant de gérer cette situation explosive, Paul les appelle à se comporter de manière convenable.

Il est clair que nous vivons une époque différente. Dans de nombreux pays, les femmes sont aussi instruites que les hommes. Les femmes ont souvent l'opportunité, au moins en théorie, de participer en toute égalité aux affaires et au gouvernement. Dans la plupart de nos sociétés, l'attitude « convenable » pour les femmes n'est plus, selon les coutumes et la culture, une attitude de silence et de déférence. Leur participation à l'adoration n'est donc plus interprétée comme une perturbation dans un service ordonné.

# ACTIVITÉS DE LA SESSION

## ABORDEZ LA PAROLE

### La nuit de la revanche de Patty

La leçon commence avec un conte amusant et fantastique : l'histoire d'une fille qui rencontre quelques problèmes dans l'exercice de son don spirituel. Si vous avez parmi vos jeunes un élève qui sait bien raconter les histoires, demandez-lui plusieurs jours à l'avance de préparer cette histoire. Ou demandez à plusieurs jeunes de se préparer à présenter l'histoire sous forme de sketch devant la classe. N'hésitez pas à présenter l'histoire scandaleuse de Patty de manière amusante.

## LA NUIT DE LA REVANCHE DE PATTY

C'était une nuit que personne dans le groupe de jeunes de l'Eglise de Maple Street n'oublierait. Les jeunes s'étaient rassemblés tranquillement pour leur étude biblique de la semaine, ignorant complètement qu'une chose étrange était sur le point de se produire. Alors que la réunion venait à peine de commencer, Patty fit irruption dans la pièce. (Plus tard, des témoins diront qu'il y avait cette lueur étrange dans ses yeux depuis le tout début.)

La semaine précédente, Patty avait lu des documents sur les dons spirituels. Lorsqu'elle avait découvert le don de « discernement », elle avait tout de suite compris qu'elle tenait quelque chose ! Le discernement est la capacité de distinguer la vérité du mensonge. C'est avoir une telle perception claire de la vie d'une autre personne que la fausseté apparaît clairement. « C'est mon don ! » : s'était alors écrié Patty, effrayant son chien Pookie. « Je le sais toujours quand ces enfants-là sont en

train de mentir. Et à la prochaine étude biblique, je vais exercer mon don ! »

Et c'est ce qu'elle fit. Dès que Brad, le président du groupe des jeunes se leva pour introduire le passage à étudier, Patty se leva également.

« Attends un peu, M. le saint du dimanche ! Ignorant les exclamations dans la pièce, elle continua. « Tu te présentes ici chaque semaine comme une sorte de prédicateur des jeunes, plein de bonté et de sainteté. Mais moi, je vois clairement ton jeu. Je sais que ton coeur est rempli de désir et de convoitise. Je sais où est ton esprit quand tu sors avec la petite Mademoiselle Sainte Nitouche ! »

Avant que quiconque ne pût l'arrêter, Patty se tourna vers la petite amie de Brad, Laura. « Et toi ! Tu veux nous faire croire que ton plus grand rêve est d'être une femme de pasteur. Quel type de congrégation est prête à accepter ta passion pour les feuillons télévisés et les romans érotiques, hein? »

Sans baisser le ton, Patty empoigna un autre jeune du groupe, Tony, par le revers de son col et le força à se lever. « Ne ricane pas, M. La Piété Incarnée. Je sais bien que tu fais en sorte que tout le monde remarque la dîme que tu mets dans le plateau des offrandes devant toute la congrégation. Mais tu ne mets pas réellement dix pour cent, n'est ce pas? Cette petite enveloppe ne contient en réalité que quelques dollars, alors que tu gagnes $100 à ton travail. »

A ce stade, de nombreux jeunes étaient en train de se précipiter vers la porte. « Arrêtez-vous là, les petits soldats spirituels », hurla Patty. « Pas étonnant que vous essayiez de fuir ! Vous savez que je sais pour la fête à laquelle vous avez participé vendredi dernier. Vous devriez avoir honte ! »

Finalement, le Pasteur Dave, le leader des jeunes de l'Eglise de Maple Street, et sa femme Evelyn, parvinrent à maintenir Patty au sol pendant que quelqu'un appelait une ambulance. Bientôt, les auxiliaires médicaux emportèrent d'urgence Patty et personne n'a plus jamais entendu parler d'elle. On se souvient toujours de cette nuit comme de la « nuit de la revanche de Patty ».

Après le récit, lancez un bref débat sur ce qui a pu se passer dans la tête de Patty. Vos jeunes auront plusieurs idées. Il n'est pas important qu'ils soient tous d'accord. Assurez-vous simplement de ne pas essayer de les guider vers la « bonne » réponse. Laissez-les explorer. L'étude biblique suivante servira d'enseignement.

# EXPLOREZ LA PAROLE

Dans les chapitres 13 et 14 Paul continue sa discussion à propos des comportements dans l'Eglise de Corinthe qui causent des divisions et des bouleversements. Dans le 13ème chapitre, cependant, qui est peut-être l'un des chapitres les mieux connus de la Bible, il traite le problème en pressant les Corinthiens de s'efforcer d'atteindre l'excellence.

## 1. LA VOIE PAR EXCELLENCE (13.1-7)

Paul a terminé sa discussion sur les nombreuses parties du Corps et les nombreux dons de l'Esprit dans le dernier chapitre avec ces mots : « Aspirez aux dons les meilleurs. Et je vais encore vous montrer une voie par excellence. » (12.31). Si cela ne vous propulse pas dans le prochain chapitre, rien d'autre ne le fera. Restez à l'écoute pour un des passages les mieux écrits du Nouveau Testament !

Désigner un élève pour lire 13.1-7, puis répondez aux questions en classe :

* Le cadre que Paul établit dans les versets 1 à 3 attire notre attention immédiatement vers le sujet du chapitre. Voici le cadre en question : « Si j'exerce [un certain don] mais que je n'ai pas [une certaine qualité] le don ne sert à rien ». Pouvez-vous identifier les dons cités par Paul et la qualité qui, selon lui, est nécessaire pour que les dons soient vraiment utiles?

* Supposons un instant que Patty possédait bien un vrai don, le don du discernement. Qu'est-ce qui n'allait pas avec sa manière de l'exercer?

* Les versets 4-7 donne beaucoup à réfléchir. Paul nous donne quinze (15) attributs ou qualités de l'amour de Dieu. Faites une liste de tous ces attributs.

## 2. LE PLUS GRAND DON (13.8-13)

Paul a commencé ce chapitre en faisant une liste de quelques dons ou actes de service et en indiquant qu'ils ne sont rien sans l'amour. A présent, il revient sur le sujet des dons.

Lisez ces versets puis répondez aux questions :

* Souvenez-vous que les Corinthiens étaient plutôt « enflés d'orgueil » à propos de leurs dons. Que dit Paul sur au moins trois de leurs dons, en comparaison avec l'amour dans le verset 8?

* Quel est le problème avec la connaissance et la prophétie (vv. 9 et 12)?

* D'après vous, que dit Paul aux Corinthiens dans le verset 11?

* Paul dit que trois qualités sont permanentes : « la foi, l'espérance et l'amour » (v. 13). Définissez ces trois choses et expliquez pourquoi « la plus grande de ces choses est l'amour »?

## 3. LE DON DU PARLER EN LANGUES (14.1-25)

A Corinthe, certains membres exerçaient un « don » qui semblait étrange et inhabituel: le don du parler en langues. Lisons ces versets pour voir ce que Paul dit à propos de ce don.

* Dans le livre des Actes nous lisons que le jour de la pentecôte les apôtres étaient « remplis du Saint-Esprit et se mirent à parler dans d'autres langues » (Actes 2.4). Le contexte de ce verset montre clairement que les apôtres parlaient des langues connues, étant donné que chaque visiteur de Jérusalem venant « de toutes les nations qui sont sous le ciel . . . entendait parler dans sa propre langue » (Actes 2.5-6). Le « don » que les Corinthiens exerçaient, cependant, était différent. Quelle était cette différence? (Voir les versets 2, 9, 16, 19, 23.)

- *Paul ne condamne pas ce don, bien qu'il montre clairement qu'il ne l'apprécie pas vraiment. Retournez en arrière et lisez 1 Corinthiens 9.20-23. Pensez-vous que ce passage aide à comprendre pourquoi Paul n'a pas condamné catégoriquement la pratique des Corinthiens?*

- *Bien que nous considérions souvent la « prophétie » comme une prédiction, ce n'est pas là le sens du mot dans ce contexte. Le don de prophétie est ce que nous appellerions le don de prédication ou « parler pour Dieu ». C'est la capacité de proclamer la Parole de Dieu de sorte que l'auditoire la comprenne et soit poussée à agir selon cette Parole. Pourquoi ce don est-il si supérieur au don du parler en langues ? (Voir les versets 1, 3-5, 12, 24.)*

- *Une chose intéressante à propos du don du parler en langues, c'est que les orateurs eux-mêmes ne comprennent pas ce qu'ils disent (voir les versets 14-15). Quelle est l'utilité d'un tel don, même pour celui qui le possède?*

## 4. CHACUN SON TOUR (14.2b-40)

Quand on lit ce passage, on a l'impression que les services d'adoration à Corinthe ressemblaient plus à un cirque à trois pistes qu'à des services religieux formels et ordonnés. C'est là que Paul voulait en venir dans ces quatre chapitres.

Demandez à quelqu'un de lire 14.26-40, puis répondez ensemble à ces questions :

- *Apparemment à Corinthe chacun venait aux services d'adoration dans l'intention de participer personnellement (v. 26). Et c'est bien ainsi. Mais il n'y avait apparemment ni ordre ni organisation dans leurs contributions. Comment Paul essaye-t-il de remédier à cette situation dans les versets 29-33?*

- *Encore une fois, Paul n'interdit pas aux Corinthiens de parler en langues, mais il limite l'exercice de ce don dans les versets 27-28. D'après vous, quelle est son intention?*

**52**

La plupart des premières églises chrétiennes étaient structurées comme des synagogues juives. Aujourd'hui encore, dans les synagogues juives orthodoxes, les hommes s'asseyent d'un côté de l'église et les femmes de l'autre. Les hommes participent au service et les femmes écoutent en silence. C'est un des contextes historiques et culturels que nous devons prendre en compte pour comprendre ce que Paul dit dans les versets 34-35. Nous devons aussi nous souvenir qu'à l'époque où Paul écrit, les femmes étaient rarement instruites. Dans les écoles juives, seuls les garçons pouvaient étudier les Ecritures. C'est pourquoi les femmes n'avaient pas la permission de participer. Elles ne pouvaient même pas lire les Ecritures, et encore moins parler intelligemment sur ce sujet. Même dans le monde profane, le manque d'instruction et d'opportunité des femmes les empêchait de participer aux affaires ou au gouvernement. Si nous regardons ces versets à la lumière de ce Paul écrit dans 11.5-6, nous avons l'impression que certaines femmes à Corinthe, dans leur volonté de se faire entendre, ne respectaient pas les coutumes locales, alors qu'elles ne possédaient pas la formation nécessaire pour commenter les Ecritures.

- *Accepteriez-vous qu'une personne–homme ou femme–vienne prêcher dans votre église alors qu'elle n'a absolument aucune instruction et qu'elle dit simplement ce qu'elle pense?*

- *En quoi notre culture et notre contexte sont-ils complètement différents de celui dans lequel Paul écrit?*

# EXAMINEZ LA PAROLE

## L'amour est...

Cette activité va au coeur de la leçon, c'est un examen du type d'amour dont parle Paul.

*Quelle est la signification du mot « amour » ? Nous disons que nous aimons nos parents, notre pays, le dernier album du groupe à la mode, notre chiot et la pizza. Mais quand Paul dit que l'amour est le plus grand de tous les dons, cela n'a rien à voir avec le penchant que nous avons pour la pizza.*

Il parle d'une qualité définie par des caractéristiques riches.

- Retournons à la liste de 15 attributs ou qualités de l'amour de Dieu que nous avons établie plus tôt dans cette leçon. (Soyez prêts à définir certaines caractéristiques pour les plus jeunes, spécialement s'ils utilisent une version plus ancienne de la Bible.)

- Je veux que vous pensiez à une situation dans laquelle un jeune chrétien aurait l'opportunité d'exercer cette caractéristique. Utilisez votre propre vie pour trouver des exemples. Par exemple, pour la caractéristique « l'amour ne cherche point son intérêt », vous vous rappelez peut-être d'une occasion où vous avez eu le choix d'éviter une opportunité afin que votre jeune soeur puisse en tirer avantage. Pour la caractéristique « l'amour ne soupçonne point le mal », vous pouvez vous rappeler une occasion où on vous a dit que le garçon qui vous a sérieusement battu aux élections de l'école a été blessé dans un accident de voiture, et vous avez eu le choix de vous réjouir de cette information ou de montrer de la compassion pour l'ex concurrent.

Accordez aux jeunes du temps pour partager leurs situations avec la classe. Si vous avez le temps, demandez aux élèves de mettre en scène certaines situations. Ensuite, vous pouvez discuter des choix auxquels les jeunes ont été confrontés et chacun peut dire pourquoi le choix qui se basait sur l'amour serait le plus en accord avec le témoignage chrétien.

## VIVEZ LA PAROLE

### C'est le moment de faire une autoévaluation

La dernière activité de cette leçon permet à vos élèves de réfléchir sur la manière dont ils mettent en pratique ce type d'amour dans leur vie.

Retournez encore à votre liste de quinze (15) caractéristiques de l'amour faite dans l'activité précédente. Pour cette activité, vous n'aurez pas à partager vos réponses avec le groupe. Je veux que vous pensiez à chacune de ces caractéristiques, ensuite, vous les noterez sur une échelle de 1 à 5 – le niveau 5 signifiant que cette qualité est toujours évidente dans votre vie et le niveau 1 signifiant que cette qualité n'est jamais évidente dans votre vie.

Lorsque tout le monde aura fini, demandez-leur de faire l'action suivante : A présent je veux que vous choisissiez une des caractéristiques de la liste sur laquelle vous voudriez travailler. Puis choisissez une action que vous pouvez faire cette semaine pour mettre cette caractéristique en pratique. Soyez réalistes et spécifiques.

Terminez la session par une prière.

## PASSAGE BIBLIQUE

1 Corinthiens 15.1-16.24

## VERSET CLÉ

« *Et comme tous meurent en Adam, de même aussi tous revivront en Christ* » (1 Corinthiens 15.22).

## OBJECTIFS DE LA LEÇON

Aider les élèves à :

1. Réaliser qu'il y a effectivement une vie après la mort, une vie éternelle que tous les chrétiens peuvent attendre avec enthousiasme.

2. Se sentir à l'aise à propos de leur propre mortalité et à propos de ce qui les attend après leur mort.

3. Organiser leur vie à la lumière de l'éternité.

# LEÇON 7

# La victoire sur la mort

## PERSPECTIVE

Des articles sont régulièrement publiés dans les magazines sur le phénomène appelé « phénomène de mort imminente ». Ces articles explorent les sensations, les visions et les émotions que des personnes – qui ont été déclarées cliniquement mortes et qui sont revenues à la vie – ont pu expérimenter pendant une courte période de « mort ».

Indépendamment du crédit que l'on peut ou non accorder à ce type d'expériences, le nombre toujours croissant d'articles, de livres et de films sur ces phénomènes sont un puissant témoignage du besoin qu'ont la plupart des humains de comprendre la mort.

Malgré leur jeune âge, vos jeunes pensent à la mort. La plupart d'entre eux ont vécu l'expérience de la mort d'un(e) ami(e), d'un membre de la famille, d'un camarade de classe. Bien que le sujet de la mort soit un sujet difficile à aborder pour nous, il présente un intérêt vital pour nos élèves. C'est aussi une des questions fondamentales de la religion.

Cette leçon met vos élèves en présence de la doctrine de Paul de la résurrection de la chair. Sans se perdre dans les détails théologiques, elle aidera vos élèves à comprendre que la mort n'est pas une chose que les chrétiens doivent craindre. Au contraire, le concept chrétien de la mort permet au croyant de se réjouir face aux ténèbres.

## CONTEXTE BIBLIQUE

Au début du chapitre 15, Paul change brutalement de vitesse et entame une discussion sur la résurrection de Christ. Le verset 12 nous donne une idée de la pertinence de cette discussion. Apparemment, certaines personnes à Corinthe niaient la doctrine de la résurrection de la chair que Paul leur avait enseignée.

Il faut se souvenir que cette lettre a été écrite très tôt dans l'ère chrétienne, peut-être vers 55 av. J.C. Elle a été écrite avant même les quatre Evangiles. Tout ce que les Corinthiens savaient à propos de Christ, ils l'avaient appris de Paul et des autres missionnaires. Ils ne possédaient pas de Nouveau Testament auquel ils pouvaient se référer. Il n'y avait pas de livre de théologie à étudier. Il n'y avait que l'enseignement oral qu'ils avaient reçu.

Ce contexte nous permet de comprendre plus facilement à quel point il était difficile de garder le message et la théologie de l'Eglise sur les rails en l'absence des apôtres. C'est pourquoi Paul insiste pour que les Corinthiens retiennent bien ce qu'il leur a annoncé (v. 2).

Puis Paul donne la formule en trois parties qui forme la base de tout l'Evangile : « ...que Christ est mort pour nos péchés selon les Ecritures, qu'il a été enseveli, et qu'il est ressuscité le troisième jour, selon les Ecritures » (vv. 3-4). Aussi importants que soient la vie et les enseignements de Jésus, sans Sa mort, Sa mise au tombeau et Sa résurrection, il ne serait qu'un sage et non un Sauveur.

Paul déroule une liste d'apparitions post-résurrection dans les versets 5-8, y compris sa propre rencontre avec Christ ressuscité sur la route de Damas. Il le fait afin de prouver que la résurrection était réelle, plusieurs personnes en ont été témoins pendant une période bien précise.

Dans les versets 12-24 Paul passe aux implications théologiques de la résurrection. Ici il parle non seulement de la résurrection de Christ, mais aussi de la résurrection de tous les croyants. Il présente un axiome à double sens : si Christ n'était pas ressuscité des morts, personne ne pourrait l'être ; si personne ne peut être ressuscité des morts, alors Christ ne l'a pas été (vv. 12-13). Et il affirme ensuite : « Et si Christ n'est pas ressuscité, notre prédication est donc vaine, et notre foi est vaine » (v. 14). Il ne s'agit pas ici d'une simple spéculation philosophique ; il s'agit du cœur même de l'Evangile. Si Christ n'a pas été ressuscité et que par conséquent nous ne serons pas ressuscité, alors cela veut dire que Christ n'a pas vaincu le péché et la mort et qu'Il n'a rien à nous offrir.

Dans les versets 23-28 Paul relie la résurrection avec la fin du monde. En ces temps-là, tous ceux qui sont morts ressusciteront.

Au verset 32 Paul cite une pièce de théâtre grecque contemporaine que nous citons encore aujourd'hui : « Mangeons et buvons car demain nous mourrons ». C'est certainement un slogan très répandu dans notre monde. Cette vie, c'est tout ce nous avons, nous devrions donc «en profiter au maximum ! » Bien que les chrétiens doivent certainement profiter de la vie autant que les autres – et il n'y a rien dans la doctrine chrétienne qui empêche d'avoir une vie passionnante et aventureuse (voyez la vie de Paul par exemple) – c'est ce qui arrive après la vie qui donne à l'existence terrestre son sens véritable.

Nous devons comprendre que Paul parle de résurrection du corps. De nombreuses personnes qui croient en la vie après la mort imaginent un esprit désincarné flottant dans un environnement métaphysique nébuleux. Paul cependant, dit que nous aurons des corps. Mais quel genre de corps?

Paul expose clairement qu'il ne dit pas que notre corps terrestre actuel sera reformé et réuni avec notre esprit. (Un théologien a même prêché contre la crémation parce qu'elle détruit le corps et rend la résurrection physique impossible, révélant son manque de compréhension de l'argument de Paul dans ce passage.) Manquant toutefois de terminologie précise pour discuter d'une réalité si mystérieuse, Paul a recours à la métaphore pour l'illustrer. Il parle de la graine qui meurt et qui revient à la vie dans une forme différente (vv. 36-38). Il mentionne que dans le monde animal il y a plusieurs types de corps (v. 39) et il parle des différences entre les corps célestes (vv. 40-41).

Puis il passe à une série de contrastes pour expliquer la différence entre les corps physiques que nous habitons aujourd'hui et les corps spirituels que nous aurons à la résurrection. Nos corps actuels sont périssables, semés dans la corruption et la faiblesse, et naturels. Nos nouveaux corps seront incorruptibles, élevés dans la gloire et dans la puissance, et spirituels (vv. 42-44). Nous avons hérité notre corps naturel d'Adam, qui a été tiré de la terre (v. 47). Mais nous hériterons notre corps spirituel de Christ, qui vient du ciel (vv. 47-49).

Même ceux qui seront en vie aux derniers instants de l'univers passeront du corps physique au corps spirituel (vv. 51-53).

L'importance de tout ceci c'est que cela montre le pouvoir de Christ sur la mort. Paul a déjà nommé la mort comme « le dernier ennemi qui sera détruit » (v. 26). Dans les derniers versets de ce chapitre, l'apôtre semble prononcer un sort d'un autre temps sur l'idée de la victoire sur la mort : « O mort, où est la victoire? O mort, où est ton aiguillon? » (v. 55). Les humains ont peur de la mort pour deux raisons : l'inconnu et l'idée de cesser d'exister. Parce que Christ a vaincu le péché et la mort, aucune de ces peurs n'est valable pour le chrétien. Nous savons ce qui va nous arriver et nous savons que nous allons continuer à vivre, dans de nouveaux corps, pour l'éternité. Pour les chrétiens, la mort n'est rien d'autre qu'une traversée vers une nouvelle existence. C'est là l'assurance que tous les chrétiens, y compris les jeunes, peuvent avoir.

Au début du chapitre 16 Paul passe à un autre sujet, l'offrande qu'il collecte pour d'autres églises. Paul explique avec sagesse aux Corinthiens de mettre une somme à part chaque semaine, en fonction de leurs revenus. Cette tradition est bien sûr perpétuée même à notre époque.

Au chapitre 16 versets 5 à 20 Paul termine la lettre avec diverses instructions et des salutations. Puis, au verset 21, il prend le stylo des mains de son secrétaire et il écrit lui-même les derniers mots. Bien que cette lettre ait été difficile, pleine de reproches et de défenses, d'admonestations et d'instructions, de châtiments et d'encouragement, l'amour de Paul apparaît clairement dés les premiers mots de ces derniers versets écrits de sa main.

# ACTIVITÉS DE LA SESSION

## ABORDEZ LA PAROLE

### Emoi au lycée Jefferson

Commencez la leçon en lisant à votre classe l'histoire suivante. C'est une histoire sérieuse sur un sujet sérieux. Laissez l'atmosphère de cette histoire guider les pensées de vos élèves vers le sujet de la mort.

### ÉMOI AU LYCÉE JEFFERSON

Les membres du groupe de jeunes s'étaient rassemblés à leur table habituelle à la cantine. A la place de leur ambiance de gaieté habituelle, un nuage sombre planait sur leur table. C'était la même chose à la plupart des tables et parmi les groupes présents dans la grande pièce.

On avait annoncé ce matin-là que Kevin, un des garçons les plus populaires de l'école, avait été tué dans un accident de voiture la nuit précédente. Presque tout le monde au lycée Jefferson connaissait Kevin. C'était un athlète, un élève au dessus de la moyenne, un membre du groupe de musiciens de l'école et le président de la classe des seniors. Et maintenant, il était mort.

Depuis l'annonce du décès, presque tous les professeurs avaient mis de côté la leçon du jour pour permettre plutôt aux élèves de parler de Kevin et de leurs sentiments. Bien sûr, chacun vivait cela à sa manière. La mort était devenue une réalité dans les couloirs de l'école, une chose à laquelle la plupart des gens n'aiment pas penser.

De nombreuses discussions se sont engagées sur la question de savoir ce qui se passe lorsqu'une personne meurt. Un élève a dit : « Quand on meurt, on meurt. C'est tout ! » Une autre a exprimé sa croyance en la réincarnation, l'idée selon laquelle notre âme continue à vivre dans une autre vie. Bien sûr, de nombreux élèves chrétiens ont dit qu'ils croyaient à la résurrection au ciel, pendant que d'autres se moquaient de ce « concept démodé ».

Certains élèves ont exprimé leur propre peur de la mort. La mort d'un camarade de classe les rapprochait de cette réalité. Un professeur a commenté : « c'est la grande inconnue ». Le professeur d'anthropologie a parlé de la manière dont chaque culture a créé sa propre mythologie de la mort et de l'au-delà.

La mythologie. Tricia, la secrétaire du groupe de jeunes de l'église, tournait et retournait le mot dans sa tête. « Est-ce à cela que se résume notre croyance en la vie éternelle – la mythologie ? »

Après avoir lu l'histoire et accordé du temps à la classe pour y réfléchir, posez les questions suivantes :

- Cette histoire vous rend-elle tristes ?

- Est-ce qu'elle vous rappelle des souvenirs ?

- Est-ce qu'elle vous fait peur ?

Ne commentez pas leurs réponses pour l'instant, même si leurs commentaires révèlent une compréhension erronée de la mort. L'heure est à l'expression de leurs sentiments, pas à l'enseignement de la leçon. Ce sera pour plus tard. Bien sûr vous devrez être attentif/ive à tout élève qui aura expérimenté la perte d'un ami ou d'un être cher. Mais n'ayez pas peur de parler du sujet. Parler de la mort, c'est un bon moyen de chasser la peur qu'elle provoque.

# EXPLOREZ LA PAROLE

Nous arrivons rapidement à la fin de la première lettre aux Corinthiens. C'est un livre unique, difficile, merveilleux. Avant de le refermer, il nous reste encore quelques idées à considérer.

## 1. LE COEUR DE L'ÉVANGILE (15.1-11)

Nous ne devons jamais oublier que 1 Corinthiens a été écrit très tôt dans l'histoire de l'Eglise chrétienne, vers 55 av. J.C. En fait, cette lettre a été écrite avant les Evangiles de Matthieu, Marc, Luc et Jean. Les Corinthiens n'avaient pas de Nouveau Testament dans lequel ils pouvaient trouver les histoires sur Jésus qui nous sont si familières. Tout ce qu'ils savaient à propos de Jésus c'était ce qu'ils avaient appris de Paul et des autres missionnaires.

C'était sûrement très exaltant de vivre à cette époque. Mais c'était probablement aussi une époque de grande confusion. Si deux visiteurs différents racontaient deux histoires différentes sur la manière dont Jésus est mort, quelle histoire croiriez-vous ? Et si quelqu'un dans votre église décidait de croire quelque chose de totalement différent, à quelle source pourriez-vous faire appel pour prouver qu'il ou elle a tort ?

Demandez à un élève de lire 15.1-11, puis dirigez la classe dans une discussion sur les questions suivantes :

- Si vous apportiez l'Evangile à des personnes qui n'ont jamais entendu parler de Jésus, que leur diriez-vous ? Quels sont, d'après vous, les deux ou trois faits les plus importants dans la vie et dans le ministère de Jésus ?

- Au verset 3 Paul dit clairement qu'il n'a pas inventé le message qu'il a prêché aux Corinthiens. Où a-t-il reçu l'Evangile ?

- Les versets 3-4 nous donnent une déclaration théologique en trois points qui forme le cœur même de l'Evangile. Bien que le langage nous soit familier, nous ne pouvons pas passer sur ces versets sans nous y arrêter. Lisons-les encore une fois lentement, deux ou trois fois. Que signifient ces versets?

L'apparition de Christ ressuscité à Pierre est décrite dans Luc 24.34. L'apparition aux Douze est décrite dans Luc 24.36-49 (et dans Matt. 28.16; Jean 20.19-23, 26-29; voir aussi Actes 1.3). L'apparition aux 500 disciples et l'apparition à Jacques sont dans le Nouveau Testament. Retournons en arrière et lisons ces passages sur les apparitions après la résurrection.

- D'après vous, quel impact ces apparitions ont-elle eu sur ceux qui en ont été les témoins?

- Quel impact ont-elle eus sur l'Eglise?

- Vous pouvez lire un passage sur l'apparition de Jésus ressuscité à Paul dans Actes 9.1-19. Quelle est la différence dans ce cas précis? Pourquoi Paul ne l'inclut-il pas dans sa liste?

## 2. MANGEZ, BUVEZ ET RÉJOUISSEZ-VOUS, CAR DEMAIN . . . (15.12-34)

Ici Paul révèle pourquoi il traite cet important problème théologique. Comme tous les autres problèmes qu'il a traités dans sa 1ère lettre aux Corinthiens, celui-ci a été posé par les Corinthiens eux-mêmes. Apparemment, certains d'entre eux doutaient de la véracité de la résurrection – celle de Jésus ou celle de tout un chacun. Lisons la réponse de Paul à ces personnes, puis nous en discuterons.

- La question que l'humanité se pose depuis le commencement c'est : « Que se passe-t-il lorsque nous mourons? » Bien sûr, de nombreuses personnes répondent : « Rien. Nous mourons et c'est tout ». Mais la théologie chrétienne soutient qu'il y a une vie après la mort, que la mort n'est pas la fin de l'existence. Paul dit aux Corinthiens que s'il n'y a pas de résurrection, il y aurait plusieurs conséquences. Pouvez-vous trouver trois de ces conséquences dans les versets 13-15?

- Que dire de notre foi en tant que chrétiens si la résurrection de Christ n'est pas vraie (voir vv. 14, 17, 19)?

- La Genèse nous dit que la mort est arrivée dans l'humanité à cause du péché d'Adam? C'est ce que nous rappelle Paul au verset 22. Qu'est-ce qui a été offert à l'humanité grâce à Jésus ?

- Dans les versets 24-26, Paul dit que la mort est le « dernier ennemi » que Christ détruira. D'après vous, que veut-il dire ?

- Au verset 32, Paul cite une pièce grecque que nous citons encore aujourd'hui : « mangeons et buvons car demain nous mourrons ». Connaissez-vous une personne qui applique cette philosophie de vie? Quel est le problème de cette philosophie?

## 3. LA VICTOIRE SUR LA MORT (15.35-58)

Si cela vous semble étrange, c'était également le cas pour certains Corinthiens. Ils demandaient : « Comment les morts ressuscitent-ils? Et avec quel corps reviennent-ils? » (v. 35).

Demandez à un élève de lire à haute voix la réponse de Paul aux versets 15.35-58, puis répondez ensemble à ces questions :

- Paul exprime clairement qu'il ne parle pas d'une reconstruction du corps physique que nous avons sur terre. Mais il a des difficultés à expliquer de quel type de corps exactement il s'agit. C'est pourquoi il a recours à des métaphores ou des illustrations. La première, dans les versets 36-38, est celle de la graine. Pour l'illustration suivante, verset 39, Paul utilise le règne animal. Paul fait finalement référence à l'astronomie pour une troisième illustration (vv. 40-41). En considérant ces trois métaphores, comment expliqueriez-vous le type de corps dont parle Paul?

- Paul passe ensuite à une série de contrastes dans les versets 42-44 pour expliquer la différence entre le corps physique que nous avons aujourd'hui et le corps spirituel que nous aurons à la résurrection. Considérez les adjectifs (mots descriptifs) que Paul utilise dans ces versets. Quel type de corps vous semble le meilleur?

* Pour finir Paul utilise le même contraste qu'au verset 22, la différence entre Adam et Christ (vv. 45-49). Avec vos propres mots, quelles sont les ressemblances entre Adam et Christ? Quelles sont les différences?

* Qu'arrivera-t-il a ceux qui seront encore en vie dans les derniers instants lors du retour de Christ (vv. 51-53)?

* Dans les versets 54-57 Paul commence presque à crier tant il est passionné par les choses dont il parle. Ces sujets de conversation vous passionnent-ils également? Pourquoi ou pourquoi pas?

## 4. DERNIÈRES PENSÉES (16.1-24)

Finalement, le moment vient pour Paul de finir sa lettre. Il ne reste que quelques « affaires internes » à régler.

Demandez à un élève de lire ce chapitre à haute voix, puis débattez des questions ensemble :

* Les quatre premiers versets de chapitre concernent une offrande que Paul collecte pour d'autres églises. Paul donne un conseil très pratique dans le verset 2. Comment continuons-nous à suivre ce conseil dans nos églises?

* Dans cette lettre Paul a dit des choses très sévères à l'Eglise de Corinthe. Il a indiqué que certains membres de cette Eglise ont été plutôt durs dans leurs critiques à son égard. Quel est le ton des versets 5-20?

* Paul confiait généralement l'écriture de ses lettres à un scribe ou un secrétaire. Il écrit pourtant les quatre derniers versets de sa propre main. Quel message transmet-il ainsi ?

# EXAMINEZ LA PAROLE

## Alors que signifie la mort pour vous?

Pendant une étude biblique, il est important de tirer les idées contenues dans les pages de la Bible pour les concrétiser dans la vie des apprenants. Dans cette activité, vos élèves doivent intervenir dans l'histoire de Kevin (voir la première activité) en expliquant à une classe ce que les chrétiens ressentent au sujet de la mort. Remarquez le mot ressentir. Il ne s'agit pas ici de donner une simple répétition de la doctrine découverte dans la dernière activité. Il s'agit plutôt de révéler l'impact de cette doctrine sur les sentiments de vos élèves. Les jeunes peuvent travailler individuellement ou en groupe.

L'histoire présentée au début de cette leçon ne dit pas si Kevin, le jeune garçon qui est décédé, était un chrétien. Supposons qu'il l'était. Et supposons qu'il était membre de votre groupe de jeunes. Et supposons également que Kevin était votre camarade de classe. Deux jours après la mort de Kevin, un de vos professeurs vous invite à parler à la classe de ce que les chrétiens ressentent au sujet de la mort. Que diriez-vous?

Demandez à plusieurs volontaires de partager leurs réponses avec la classe. Le but ici est que vos élèves commencent à réaliser que, alors que le monde fait face à la mort avec des sentiments de peur et de rejet, les chrétiens, eux, l'abordent avec des sentiments d'espérance, de confiance et de victoire.

# VIVEZ LA PAROLE

## Qui frappe à ma porte?

Le but de cette leçon n'est pas d'effrayer les élèves afin d'obtenir leur conversion. Bien au contraire. C'est la perspective de victoire sur la mort et de vie éternelle qui devrait attirer les personnes vers l'Evangile.

Mais il est important de ramener la leçon à un niveau très personnel. Comment le concept que nous avons étudié dans cette leçon nous affecte-t-il (ou comment devrait-il nous affecter) dans notre vie quotidienne? Concevoir la mort simplement comme la fin de la vie amène souvent à un mode de vie du type: « bois, mange et sois heureux ». La compréhension chrétienne de la mort mène-t-elle à un mode de vie différent?

*Si seules les personnes ayant vécu une longue vie finissaient par mourir, ce serait peut-être plus facile à comprendre. Mais les bébés meurent, ainsi que les jeunes et les adultes. Nous mourons tous un jour.*

*Nous avons tous entendu ce dicton: « Bois, mange et sois heureux, car demain tu mourras ». Si la mort est simplement la fin de la vie, alors ce dicton a du sens. Mais s'il y a quelque chose après la mort, alors il y a peut-être une autre manière d'approcher la vie.*

*Je veux que nous prenions chacun un moment pour penser à notre propre mort. Rien de triste, de morbide ou d'effrayant. La mort, après tout, c'est un fait de la vie. Mais pensez à la mort en tant que chrétien. Comment les idées que vous avez apprises dans cette leçon devraient-elles affecter votre mode de vie? Comment voulez-vous qu'elles affectent votre mode de vie ?*

Donnez à vos élèves quelques instants de réflexion sur cette question. Il est inutile de partager leurs réponses avec la classe, sauf s'ils en expriment la volonté. Arrangez-vous pour que ce moment de réflexion soit chaleureux, tendre, et non manipulateur et effrayant. Demandez au Saint-Esprit de vous guider pour finir la session.

# LEÇON 8

# Le Dieu qui dit « Oui »

## PERSPECTIVE

Si vous parlez à des personnes âgées entre 20 et 40 ans qui sont étrangères à l'église, vous verrez que la plupart d'entre elles ont une fausse conception de Dieu.

La plupart d'entre elles ont grandi avec un Dieu qui dit « Non », un Dieu qui juge et qui punit. Leur Dieu était constamment en train de les épier, attendant le moment propice pour surprendre une indiscrétion ou une faiblesse.

D'autres ont grandi avec un Dieu qui dit « Oui » un jour et « Non » le lendemain, un Dieu capricieux et inconstant qui doit être forcé à les aimer. Leur Dieu leur demandait une attention et un apaisement constants.

Les graines de ces concepts erronés ont été semées pendant l'enfance et l'adolescence de ces personnes. Malheureusement, certains de vos jeunes sont peut-être en proie à de tels concepts. Le but de cette leçon est d'aider vos jeunes à comprendre que le Dieu de la Bible est un Dieu qui dit « Oui », qui est de notre côté, qui agit toujours pour le bien de l'humanité et de ceux qu'Il aime.

## PASSAGE BIBLIQUE

2 Corinthiens 1.1-3.6

## VERSET CLÉ

« Car le Fils de Dieu, Jésus-Christ, qui a été prêché par nous au milieu de vous, par moi et par Sylvain, et par Timothée, n'a pas été oui et non, mais c'est oui qui a été en lui ; car pour ce qui concerne toutes les promesses de Dieu, c'est en lui qu'est le oui » (2 Corinthiens 1.19-20a).

## OBJECTIFS DE LA LEÇON

Aider les élèves à :

1. comprendre que Dieu est de leur côté.

2. être reconnaissants envers un Dieu affectueux et aimant.

3. répondre aux initiatives de Dieu.

## CONTEXTE BIBLIQUE

Bienvenu dans 2 Corinthiens, un des livres les plus difficiles du Nouveau Testament. La grande difficulté provient du fait que la lettre présente de nombreux éléments manquants. On y trouve des références à des lettres précédentes qui pourraient (ou non) avoir un lien avec 1 Corinthiens. Des références à des visites de Paul dont nous n'avons pas de témoignage. Il faut beaucoup « lire entre les lignes » pour comprendre ce qui se passe. Mais c'est un livre qui comporte beaucoup de trésors cachés parmi ses mystères.

Après les salutations traditionnelles (vv. 1-2), Paul commence le texte de la lettre avec un paragraphe d'action de grâce et de louange au « Dieu de toute consolation » (v. 3). Rappelons-nous que Paul n'a pas écrit cette lettre confortablement depuis sa maison à Antioche. Des lettres comme celle-ci étaient écrites pendant qu'il voyageait et répandait l'Evangile. En fait, Paul écrit depuis le front. Comme nous pouvons le voir dans Actes et dans ces lettres, Paul était quotidiennement confronté à la menace et au danger (voir 2 Corinthiens 6.5-10 ; 11.24-28).

Dans ce passage (1.3-11) Paul rend grâce à Dieu pour l'abondante consolation qu'Il apporte au milieu des épreuves. Jamais Paul ne se plaint ni ne blâme Dieu pour ses tribulations. Il ne dit pas non plus qu'un Dieu aimant devrait lui épargner la détresse. Paul conçoit ses souffrances comme une participation aux souffrances de Christ (v. 5). Et il comprend que la souffrance a des conséquences positives : « …afin de ne pas placer notre confiance en nous-mêmes, mais de la placer en Dieu… » (v. 9). Le ton est presque joyeux quand Paul raconte ses mésaventures. Sa foi était si grande et sa confiance en Dieu si résolue que les épreuves ne l'ont jamais vaincu.

Dans 1.12-2.4 Paul tente d'expliquer aux Corinthiens un changement dans son itinéraire. Il leur avait dit qu'il leur rendrait visite deux fois, une fois sur le chemin de la Macédoine et une fois pendant le voyage du retour (1.15-16). Cependant, ses projets ont changé. Apparemment la première visite ne s'est pas bien passé. Paul en parle comme d'une visite pénible (2.1). Plutôt que de leur imposer une deuxième visite dans les mêmes conditions, Paul change ses projets de voyages. Toutefois, devant cette réaction, certaines personnes à Corinthe ont critiqué l'apôtre et l'ont accusé de faire preuve d'irresponsabilité. Paul défend sa position dans ces versets.

C'est dans ce passage que nous retrouvons notre verset clé. Alors que Paul explique aux Corinthiens qu'il n'est pas capricieux et inconstant, il note que Dieu également n'est ni capricieux ni inconstant. « Car le Fils de Dieu…n'a pas été oui et non, mais c'est oui qui a été en lui » (v. 19). Il continue, « …pour ce qui concerne toutes les promesses de Dieu, c'est en lui [Christ] qu'est le oui « (v. 20a).

La ville de Corinthe, avec sa multitude de temples et de dieux païens, connaissait bien les dieux qui disaient « oui » un jour et « non » le lendemain. Paul ne voulait pas que ses propres changements de projets se reflètent sur son Dieu. Le Père de Christ n'est pas un être inconstant qui doit constamment être apaisé et cajolé avec des offrandes et des rituels afin d'agir en faveur de l'humanité. Au contraire, toute son activité envers l'humanité indique clairement Son amour et Ses grâces. L'aboutissement de cet amour étant bien entendu exprimé par la naissance et la mort de Jésus Christ. Toutes les promesses de Dieu à l'humanité trouvent leur accomplissement dans le don gracieux du Fils. On peut compter sur un Dieu qui agit avec tant d'amour et d'abnégation pour agir toujours avec consistance et bénédiction.

Pour prouver cela, Paul rappelle aux Corinthiens que Dieu est « …celui qui nous affermit avec vous en Christ, et qui nous a oints, c'est Dieu, lequel nous a aussi marqués d'un sceau et a mis dans nos cœurs les arrhes de l'Esprit » (vv. 21-22). Paul dépeint Dieu comme un fidèle propriétaire qui « marque » sa propriété avec son propre sceau et paye une caution pour garantir l'accomplissement de l'accord. L'activité de Dieu envers nous aujourd'hui n'est autre que l'assurance d'une grande bénédiction dans la vie à venir.

Dans 2.5-11 Paul parle d'un membre de la congrégation de Corinthes qui a été puni pour avoir péché. Il s'agit peut-être de l'homme dont il est question 1 Corinthiens 5. Paul demande à présent le pardon pour cet homme. C'est un autre indice de l'activité de Dieu parmi nous. Quand nous péchons, il y a des conséquences, mais l'action de Dieu est rédemptrice et non punitive. Le but de la discipline est de restaurer, et non pas de détruire.

Dans 2.12 Paul commence à parler brièvement des évènements de son voyage missionnaire, mais il replonge rapidement dans un nouveau paragraphe d'action de grâce. Le Dieu qui dit « oui » « nous fait toujours triompher en Christ » (v. 14). Paul utilise une métaphore pour décrire sa (et notre) fonction dans le monde. Nous sommes « la bonne odeur du Christ » (v. 15). Puis, il passe à une autre métaphore, disant aux Corinthiens qu'ils sont « …une lettre de Christ, écrite, par notre ministère, non pas avec de l'encre, mais avec l'Esprit du Dieu vivant… » (3.3).

Paul conclut cette section en réaffirmant sa confiance en Dieu et en la nouvelle alliance, bâtie non pas sur la loi mais sur l'Esprit qui donne la vie (3.6).

# ACTIVITÉS DE LA SESSION

## ABORDEZ LA PAROLE

### Parlez-nous de votre Dieu

Commencez la session avec l'histoire de Ted et Célia, deux jeunes qui fréquentaient l'église mais qui ont depuis tourné le dos à Dieu et à l'église. Si vous avez dans votre congrégation un couple de jeunes adultes qui pourraient vous aider, laissez-les jouer les rôles de Ted et Célia pendant que vous jouez celui du Pasteur Williams.

## PARLEZ NOUS DE VOTRE DIEU

*Ted et Célia Franklin sont un jeune couple, dans les 30 ans, qui vient juste d'emménager dans le quartier de l'église. Le Pasteur Williams, qui a pour habitude de rendre visite à tous les nouveaux venus, s'arrête à leur maison un soir. Après quelques instants de conversation, Ted et Célia révèlent qu'ils n'ont pas pour habitude de fréquenter l'église. En fait, ils ont des sentiments plutôt négatifs sur l'église et sur Dieu. Chacun d'eux a grandi dans une famille qui fréquentait l'église, mais ils ont quitté l'église vers l'âge de 20 ans. Ecoutons-les expliquer leurs sentiments au Pasteur Williams :*

**TED** : J'ai grandi en ayant peur de Dieu. Toute ma vie on m'a dit que Dieu me surveillait comme une sorte de méchant professeur qui n'attendait qu'une chose : me surprendre avec des pensées impures ou en train de m'adonner à une activité agréable. Les règles de mon église parlaient toutes de ce que je ne pouvais pas faire. Il semblait que je ne pouvais rien faire qui soit amusant. J'ai entendu beaucoup de sermons dans lesquels Dieu était présenté comme un juge qui me considérerait comme responsable de chaque petite erreur. La menace de l'enfer était brandie à chaque fois que je me comportais mal. Quand j'étais jeune, je vivais dans la panique constante que Dieu pouvait lire mes pensées et découvrir que j'étais tout aussi « pécheur » que les autres. Je peux me comparer à un enfant qui a eu des parents abusifs. J'avais un Dieu abusif. Finalement, je me suis simplement lassé de vivre avec une telle culpabilité et une telle inquiétude – j'ai donc cessé de fréquenter l'église.

**CELIA** : J'ai beaucoup de souvenirs du même genre. Mais le Dieu avec lequel j'ai grandi pouvait aussi être gentil et aimant – quand Il le voulait. Nous étions toujours en train de le remercier pour ses bénédictions, ce qui, je pense, nous valait un foyer chaleureux et du pain sur table. Et à chaque fois que quelqu'un échappait de peu à la mort dans un accident, nous remercions Dieu de lui avoir sauvé la vie. Mais on semblait ne jamais pouvoir dire quand Dieu était content et quand il était mécontent. J'ai donc grandi en faisant tout mon possible pour rester dans Ses bonnes grâces. J'allais à l'église, je mettais mon argent dans le panier des offrandes, je lisais ma Bible et j'essayais d'être gentille avec les autres. Mais c'était comme si je prenais soin d'un monstre afin qu'il m'aime et qu'il ne me fasse pas de mal. J'ai donc fini par décider qu'un Dieu qui réclamait tant d'attention ne valait pas la peine que je perde du temps pour Lui.

A la fin de l'histoire, demandez aux élèves de répondre aux questions suivantes :

• Qu'est-ce qui ne va pas avec les conceptions qu'ont Ted et Célia de Dieu?

• Comment ont-il pu avoir de telles conceptions?

• Y en a-t-il parmi vous qui ressentent la même chose?

# EXPLOREZ LA PAROLE

*Bienvenus dans Corinthiens 2ème partie (tout le monde aime les suites) ! Du temps a passé depuis la première lettre de Paul à Corinthe. Entre temps, il a probablement effectué une visite à Corinthe. Certains problèmes anciens ont été résolus et de nouveaux problèmes sont apparus.*

*De même que nous l'avons suggéré pour 1 Corinthiens, il vous serait utile d'avoir une vue d'ensemble de la lettre. Ce livre ne comprend que 13 chapitres, vous pouvez donc le parcourir en moins d'une heure. Si la Bible que vous utilisez présente un texte divisé en sections, notez-les et lisez quelques versets dans chaque section. Il n'est pas nécessaire de lire tous les mots ou tous les versets. Essayez de lire 2 Corinthiens avant le prochain cours.*

## 1. LE DIEU DE LA CONSOLATION (1.1-11)

*Il faut se rappeler que Paul n'est pas assis confortablement sur une chaise à Antioche quand il écrit cette lettre. Il voyage toujours, il apporte l'Evangile aux nouveaux convertis et il est toujours confronté au danger et à la persécution. Sous plusieurs*

64

*aspects, c'est une lettre qui vient du « front », écrite par un soldat d'infanterie qui est en train de vivre son lot d'actions !*

Demandez à un élève de lire ces versets d'ouverture, puis débattez des questions en classe :

• *Allez juste un peu plus loin dans 2 Corinthiens 11.24-28. Ces versets nous donnent une idée du type « d'actions » auxquelles Paul était confronté durant ses voyages missionnaires. Puis regardez 1.3-4. Qu'est-ce que ces versets nous révèlent sur le caractère et la foi de l'apôtre ?*

• *De nombreuses personnes pensent à tort que la souffrance vient en conséquence d'un mal que l'on a accompli. Mais Paul n'a rien fait de mal – et pourtant il souffre. Comment interprète-t-il l'origine de ses souffrances (v. 5)?*

• *Dans le verset 9 Paul nous donne un indice sur la manière dont les souffrances peuvent nous aider. Quel est cet indice?*

## 2. UN CHANGEMENT DE PROJETS (1.12-24)

*Dans cette section Paul donne une vision sommaire des évènements qui ont eu lieu depuis qu'il a écrit 1 Corinthiens. La relation de l'apôtre avec cette congrégation est très compliquée. On a l'impression que les « négociations » en cours entre Paul et les Corinthiens ont été difficiles.*

Lisez ces versets et répondez ensemble aux questions :

• *Il semble que Paul a encore été forcé à se défendre face à un groupe de Corinthiens bien décidés à le critiquer. Paul a promis aux Corinthiens qu'il leur rendrait visite deux fois : sur son chemin vers la Macédoine et sur le chemin du retour (vv. 15-16). Mais les choses ne se sont pas passées ainsi. Il n'a finalement fait qu'une seule visite – et cette visite a été pénible (2.1). Que dit Paul pour expliquer son changement de projets (1.12, 17, 23)?*

- D'après vous, que veut dire Paul quand il dit de Jésus-Christ « c'est oui qui a été en lui » (v. 19)?

- Paul dit que toutes les promesses de Dieu sont des manières de nous dire « oui » (v.20). Qu'est-ce que cela signifie?

- Dans 2.3-4 nous trouvons une référence à une lettre précédente, probablement 1 Corinthiens. Que vous rappelle cette référence à propos de votre étude de la dernière lettre?

## 3. UN TEMPS POUR PARDONNER (2.5-11)

Vous souvenez-vous de l'incident à propos du membre de l'Eglise Corinthienne qui vivait avec sa belle mère? Lisons 1 Corinthiens 5.1-5 pour nous rafraîchir la mémoire. Le chapitre 2.5-11 fait probablement référence à cet incident.

Après avoir lu ces versets à la classe, discutez des questions en groupe :

- Dans le verset 5 Paul montre très bien que cette personne n'a pas affecté l'apôtre autant que les autres membres de la congrégation. A votre avis, pourquoi cette distinction est-elle importante?

- Le verset 6 indique que la congrégation n'a pas effectivement punit l'homme. Quelle était la punition que Paul avait recommandée dans 1 Corinthiens?

- Maintenant que l'homme a été puni, quelles sont les instructions de Paul (vv. 7-8)?

## 4. QUELLE EST CETTE ODEUR? (2.12-3.b)

Pendant que Paul voyageait à travers l'empire romain, il était parfaitement conscient de sa position d'ambassadeur de Christ. Et il aidait les convertis à comprendre que eux aussi ils partageaient cette position.

Demandez à un élève de lire ces versets, puis discutez de ces questions en groupe :

- Dans le verset 14 Paul dit que [Dieu] « répand par nous en tout lieu l'odeur de sa connaissance ». Puis il continue en disant que pour ceux qui n'acceptent pas Christ, les chrétiens sont une « odeur de mort », alors que pour ceux qui reçoivent l'Evangile, ils sont une « odeur de vie » (vv. 15-16). Quelle odeur avez-vous auprès de vos amis?

- Il était fréquent à l'époque de Paul (et c'est encore le cas aujourd'hui) que les ambassadeurs et autres professionnels qui se rendaient à l'étranger apportent avec eux des lettres écrites par d'anciens associés qui les recommandaient à leurs nouveaux clients. Paul dit dans les versets 2-3 qu'il n'a pas besoin d'une telle lettre. Pourquoi?

- Si votre vie est une lettre « écrite non avec de l'encre, mais avec l'Esprit du Dieu vivant » (v. 3), alors qu'est-il écrit dans cette lettre?

- Dans le verset 6 Paul utilise encore le mot « lettre », mais le sujet ici est totalement différent de celui qui des lettres de recommandation. Ici il parle de suivre la « loi à la lettre ». C'est une expression que nous utilisons encore aujourd'hui. Une personne qui suit la loi « à la lettre » accorde une attention particulière à chaque détail technique de la loi, même si en agissant de la sorte elle va à l'encontre de « l'esprit de la loi ». Paul dit qu'il est le ministre d'une « nouvelle alliance » qui agit à partir des principes de « l'Esprit » plutôt qu'en suivant des instructions « à la lettre ». Que veut-il dire d'après vous?

## 5. A QUOI RESSEMBLE DIEU?

Essayons de trouver pour quel type de Dieu l'apôtre Paul travaillait.

Divisez votre classe en 4 groupes et attribuez à chaque groupe un des passages bibliques suivants : a. 1.3-11; b. 1.18-20; c. 1.21-22; d. 2.5-10. Chaque groupe doit lire son passage et noter ce qu'il trouve sur Paul, sur les Corinthiens et surtout, sur Dieu. (Si le temps le permet, demandez-leur de chercher également ces versets supplémentaires et de voir ce qu'ils disent sur Dieu : a. Romains 5.6-8 ; b. Romains 8.28, 32 ; c. 1 Jean 3.1, 16.)

# EXAMINEZ LA PAROLE

## Testez vos connaissances

Cette activité est un questionnaire à choix multiple (QCM) sur la nature de Dieu. Aucune de ces questions n'est trop difficile, donc vos jeunes devraient tous « réussir le test ». Vous pouvez leur demander de répondre aux questions personnellement et de comparer ensuite leurs réponses ; ou alors, ils peuvent discuter des questions tous ensemble et trouver des réponses collectives. Des débats peuvent apparaître avec quelques questions qui ont plus d'une réponse possible. Plutôt que de rechercher la « bonne » réponse, laissez vos jeunes travailler ensemble afin de trouver un consensus.

## Le QCM

A présent, répondons à un petit QCM sur Dieu. Choisissez la meilleure réponse pour chacune des questions suivantes :

1. Que pense Dieu à propos des hommes ?

    a. Il pense que nous sommes des vers – un tas de pécheurs, menteurs et misérables.

    b. Il pense à nous comme à des animaux de compagnie – des créatures qu'il faut chouchouter, former et avec lesquelles Il peut jouer.

    c. Il pense que nous sommes Ses enfants – à aimer, protéger et quelques fois corriger.

2. Quel est le sentiment fondamental que Dieu a pour nous ?

    a. L'amour

    b. La colère

    c. L'irritation

    d. L'apathie

3. A qui Dieu ressemble-t-Il le plus ?

    a. Au père Noël

    b. Au père fouettard

    c. A un bon père

    d. A un juge

4. Qu'est-ce que Dieu veut pour toi ?

    a. Il veut que je sois parfait(e).

    b. Il veut que je sois heureux(se).

    c. Il veut que je me comporte bien.

    d. Il veut que je reçoive ce que je mérite.

5. Quand tu fais quelque chose de mal, que fait Dieu ?

    a. Il dit : « Bon, c'est pas grave ».

    b. Il se fâche et il me punit.

    c. Il me laisse vivre les conséquences naturelles de mon erreur.

    d. Il m'aime et Il me pardonne.

# VIVEZ LA PAROLE

## Dieu est de votre côté

Si vous avez écouté attentivement vos élèves pendant cette leçon, vous aurez découvert beaucoup de choses sur leur manière de concevoir Dieu. Certains de vos élèves ont peut-être déjà formé des images négatives. D'autres sont peut-être en train de prendre le chemin de Ted et Célia, les personnages de l'histoire au début de la session, dans leur conception de Dieu. Il est important que ces jeunes entendent le message de cette leçon. Une compréhension correcte de la nature de Dieu est le plus sûr indicateur d'une confiance spirituelle qui persistera pendant toute la vie d'un individu.

*Le verset clé aujourd'hui est 2 Corinthiens 1.19-20a, « Car le Fils de Dieu, Jésus Christ . . . n'a pas été*

*oui et non, mais c'est oui qui a été en lui ; car, pour ce qui concerne toutes les promesses de Dieu, c'est en lui qu'est le oui ».* Accordez à votre classe du temps pour méditer sur ce verset. Puis, en vous laissant guider par le Saint-Esprit, clôturez la session de la manière qui vous semble la plus appropriée pour la classe. Examinez les options suivantes :

- Vous pouvez clôturer avec une prière simple de louange et d'action de grâce.

- Vous pouvez faire le tour la classe en demandant à chaque jeune d'utiliser les pronoms « Toi » et « Ton » et de dire une prière d'une phrase adressée directement à Dieu (l'utilisation des pronoms les aide à s'adresser directement à Dieu dans leur prière).

- Vous pouvez demander à ceux qui le désirent de réagir à voix haute à cette leçon et de partager avec la classe ce qu'ils ont appris sur Dieu.

- Vous pouvez proposer à ceux qui le désirent de rester après la session pour parler de leurs difficultés à comprendre qui est Dieu et ce qu'Il veut.

2 Corinthiens 3.7-6 :2

## VERSET CLÉ

*« Car Dieu était en Christ, réconciliant le monde avec lui-même, en n'imputant point aux hommes leurs offenses, et il a mis en nous la parole de la réconciliation »* (2 Corinthiens 5.19).

## OBJECTIFS DE LA LEÇON

Aider les élèves à :

1. comprendre que Dieu a pris l'initiative de réconcilier l'humanité avec Lui-même.

2. être reconnaissants de l'initiative de Dieu.

3. répondre à cette invitation de Dieu à la réconciliation et participer au ministère de la réconciliation.

# LEÇON 9

# Le Dieu de la réconciliation

## PERSPECTIVE

Une des principales distinctions entre le christianisme et les autres religions du monde, c'est que le christianisme enseigne que Dieu a pris l'initiative de réconcilier l'humanité avec lui-même. D'autres religions prescrivent des sacrifices, le respect de lois compliquées et la participation à des rituels anciens – l'œuvre des hommes – dans le but de combler le fossé entre l'humanité et Dieu. Mais, grâce à l'amour de Dieu à l'oeuvre dans le sacrifice de Christ, tous ce que nous avons à faire, c'est d'accepter Sa proposition de réconciliation.

Même si plusieurs des jeunes de votre groupe ont grandi dans l'église et semblent mener une vie spirituelle, il est tout même bon de leur rappeler périodiquement les bases du salut. Ceux qui sont chrétiens doivent reconnaître encore une fois qu'ils dépendent du sacrifice de Christ pour leur salut. Ceux qui n'ont pas encore fait le choix d'accepter Dieu personnellement doivent fréquemment avoir cette opportunité.

Cette leçon explique l'initiative que Dieu a prise en notre nom et comment accepter Sa proposition de salut. Elle rappelle aussi aux jeunes qui sont chrétiens qu'ils

sont des « ministres de la réconciliation », ayant la responsabilité et l'opportunité de partager l'offre de Dieu avec les autres.

## CONTEXTE BIBLIQUE

A la fin de la dernière leçon, Paul avait juste fait référence à la « nouvelle alliance », la nouvelle relation de Dieu avec le monde, qui ne passe pas par la « lettre », ou la loi – laquelle tue – mais par l'Esprit, qui donne la vie (3.6). C'est l'un des sujets favoris de Paul.

A présent, il développe un peu plus cette idée. Il commence avec des évènements tirés du livre d'Exode. Nous lisons dans Exode 34.29-35 que quand Moïse est revenu de la montagne avec les tablettes, « la peau de son visage rayonnait » de la gloire de Dieu. En fait, sa peau était si rayonnante, qu'il s'est voilé le visage pour ne pas effrayer le peuple d'Israël. C'est ainsi que Paul demande : si la gloire de l'ancienne alliance était si grande « combien le ministère de l'Esprit ne sera-t-il pas plus glorieux ? » (v. 8).

Il continue en utilisant le voile de Moïse de manière métaphorique. Le peuple juif, d'après Paul, porte toujours le voile à chaque fois qu'il lit la loi (vv. 14-15). Ce voile rend leur esprit « dur d'entendement ». C'est en Christ que le voile disparaît (v. 14).

Parce qu'il est le ministre d'une si glorieuse nouvelle alliance, Paul dit qu'il prend soin de garder son ministère au dessus de toute suspicion (4.2). On sent ici encore que Paul se défend des attaques de certains Corinthiens de la congrégation.

Craignant de donner l'impression de se vanter à travers son discours dans lequel il se présente comme un ministre de la glorieuse nouvelle alliance, il déclare qu'il est bien conscient que la gloire est portée dans « des vases de terre, afin que cette grande puissance soit attribuée à Dieu et non pas à nous » (v. 7). Il continue en expliquant qu'à cause de son humanité il est « pressé de toute manière », perplexe, persécuté et abattu. Mais malgré les difficultés, il n'est pas écrasé, pas désespéré, pas abandonné, pas détruit (vv. 8-9). Comme dans la dernière leçon, Paul ne se plaint pas et ne blâme pas

Dieu pour son infortune. Au contraire, il voit dans ses difficultés une manière de porter « toujours avec nous dans notre corps la mort de Jésus » (v. 10). Paul dit que même si son corps physique se « détruit », il se « renouvelle de jour en jour » sur le plan spirituel (v. 16). Puis il rappelle aux Corinthiens que ses épreuves terrestres produisent « au-delà de toute mesure, un poids éternel de gloire » (vv. 17,18).

Cette mention de l'éternité mène Paul vers le thème du ciel dans le chapitre 5. Il dit que nos corps terrestres sont des « tentes » et que ce sont des « édifices » que nous aurons dans le ciel (5.1). Puis l'apôtre indique qu'il préfèrerait aller vers ce « domicile céleste » plutôt que de rester dans sa tente (vv. 2-4). Mais, en vivant « par la foi et non par la vue » (v. 7), Paul est content de servir Dieu jusqu'au jour du Jugement.

Dans 5.11-6 :2 nous trouvons un de ces passages de la Bible qui présente un résumé de l'Evangile. Si nous n'avions pas les autres portions du Nouveau Testament, cette portion de l'Evangile suffirait à nous mener vers Christ. Dans cette section nous apprenons l'initiative de Dieu dans le processus de réconciliation. Bien que l'humanité ait rejeté Dieu et qu'elle refuse de vivre dans l'obéissance, Il « nous a réconcilié avec lui par Christ » (v. 18). Dans l'acte de Christ, « Dieu était en Christ, réconciliant le monde avec lui-même, en n'imputant point aux hommes leurs offenses » (v. 19). Ensuite, Paul nous donne ce bijou théologique : « Celui qui n'a point connu le péché, il l'a fait devenir péché pour nous, afin que nous devenions en lui justice de Dieu » (v. 21). Quelle glorieuse vérité ! Dans le conflit entre Dieu et l'humanité, Dieu a fait le premier pas vers la réconciliation. Il nous offre toute Sa grâce et Son pardon. Tout ce que nous avons à faire, c'est d'y répondre.

Le deuxième thème de cette section est la forte volonté de Paul (v. 14) de convaincre les hommes (v. 11) de répondre à l'initiative de Dieu. Il ne suffit pas de nous réconcilier avec Dieu. Nous devons aussi participer à ce que Paul appelle le « ministère de la réconciliation » (v. 18). En effet, nous sommes les « ambassadeurs de Christ » (v. 20) dans cette tâche. C'est notre défi depuis le début du christianisme. Le salut n'est pas un joyau que nous cachons, mais plutôt un trésor si abondant qu'il doit être partagé.

# ACTIVITÉS DE LA SESSION

## ABORDEZ LA PAROLE

### Béni soit le lien qui unit

Nous avons tous vécu cette situation frustrante : avoir des amis qui ne se parlent pas parce qu'ils se sont disputés. Nous savons que si l'un des deux s'excusait en premier, les deux seraient désolés d'en être arrivés là. Cette leçon commence avec une situation similaire afin d'aider vos jeunes à penser au conflit et à la réconciliation.

### Béni soit le lien qui unit

Tous leurs amis étaient inquiets. Jesse et Luke étaient amis depuis la sixième. Et à présent, ils ne se parlaient plus.

Tout a commencé la semaine passée quand Luke a emprunté la voiture de Jesse pour se rendre à un rendez-vous galant. Jesse avait déjà prêté sa voiture à Luke plusieurs fois. (En fait, certaines personnes ne savaient même pas à qui appartenait vraiment la voiture, puisque tous deux semblaient la conduire.) Mais cette fois-là, il y a eu un problème.

Après son rendez-vous, Luke a garé la voiture devant la maison de Jesse et il a mis les clés dans le cendrier, comme d'habitude. Le lendemain matin, quand Jesse est sorti, il a remarqué un éraflure tout le long de la voiture du côté du passager. On aurait dit que quelqu'un avait griffé la voiture avec une clé ou avec un couteau, ou alors que le chauffeur était entré en collision avec quelque chose.

Jesse a immédiatement appelé Luke pour savoir ce qui s'est passé, mais Luke a nié toute implication dans les dégâts. Avant que Jesse ne puisse dire quoi que soit, Luke s'est mis à crier et à dire que c'était injuste de la part de Jesse de le blâmer. Puis il a raccroché.

Le lendemain, à l'école, Luke a évité Jesse, même quand ils ont assisté au même cours. A l'heure du déjeuner, tout le monde savait que quelque chose n'allait pas.

Dans les jours qui ont suivi, plusieurs de leurs amis ont essayé de réconcilier Luke et Jesse. Luke était catégorique : il n'irait pas s'excuser le premier. Jesse maintenait qu'il n'avait pas d'excuses à lui présenter. Leurs amis savaient que dès que l'un des deux ferait le premier pas, tout s'arrangerait. Mais aucun des deux garçons ne voulait initier la réconciliation.

Après la présentation de l'histoire, posez les questions suivantes à la classe :

- Avez-vous déjà connu une telle situation dans laquelle deux de vos amis se disputaient? Qu'avez-vous fait?

- Avez-vous déjà été impliqués directement dans ce genre de situation?

- Pensez-vous que si un des deux garçon tentait une réconciliation l'autre y répondrait?

- Bien que Jesse ne semble pas être en faute, que se passerait-il s'il était le premier à parler?

Vous devrez probablement redéfinir le mot réconciliation pour votre groupe. Dites-leur qu'on parle de réconciliation quand deux personnes qui ont été séparées par un différend se retrouvent et règlent leur différend.

## EXPLOREZ LA PAROLE

Dans cette section Paul laisse de côté le problème spécifique de l'Eglise Corinthienne et écrit des choses très intéressantes pour nous aujourd'hui.

# 1. L'ANCIEN CONTRE LE NOUVEAU (3.7-18)

*Dans le dernier verset de notre dernière leçon, Paul a fait référence à la « nouvelle alliance » qui n'agit pas sous l'impulsion de mort de la « lettre » de la loi, mais sous l'impulsion de vie de l'Esprit (3.6). A présent, il explique de quoi il parle.*

Demandez à un élève de la classe de lire 3.7-18 puis répondez aux questions ensemble :

- *Les « lettres sur des pierres » (v. 7) dont parle Paul sont les Dix Commandements que Moïse avait rapportés de la montagne pour les Israélites. Lisons Exodes 24.15-18 et 34.29-35 pour avoir le contexte de ce passage dans l'Ancien Testament.*

- *Paul qualifie le système des lois de l'Ancien Testament, ses règles, ses sacrifices et ses rituels de « ministère de la mort » (v. 7) et de « ministère de la condamnation » (v. 9). Qu'y a-t-il dans l'Ancien Testament qui pousse Paul à être si critique envers lui ?*

- *Paul utilise l'histoire de Moïse qui couvre son visage avec un voile dans l'Ancien Testament en vue d'illustrer certains éléments contemporains. Quand il dit que lorsque les Juifs lisent l'Ancien Testament ils portent toujours un voile, il ne parle pas d'un voile au sens littéral. De quoi parle-t-il ?*

- *Comment le voile de pensée de l'Ancien Testament disparaît-il (v. 14) ?*

# 2. LA GLOIRE DE DIEU DANS LES INSTRUMENTS HUMAINS (4.1-18)

*Paul a terminé la dernière section avec des mots plutôt édifiants : « Nous tous qui, le visage découvert, contemplons comme dans un miroir la gloire du Seigneur, nous sommes transformés en la même image, de gloire en gloire, comme par le Seigneur, l'Esprit » (3.18). Mais là, il craint que le langage ne passe pour de la vantardise.*

Demandez à un élève de lire le chapitre 4 puis discutez des questions ensemble :

- *C'est pourquoi, Paul explique, qu'en tant que ministre de la nouvelle alliance dont l'énergie donne la vie, il doit refléter cette vérité dans le style de son ministère. Que fait Paul (ou que ne fait-il pas) pour que son ministère reflète les valeurs de la nouvelle alliance (v. 2) ?*

- *Que nous disent les versets 4-6 sur Jésus ?*

- *Dans les versets 7-12 Paul explique que Dieu a choisi des humains imparfaits comme nous pour porter le glorieux message de Christ. D'après vous, pourquoi Dieu a-t-Il fait cela ?*

- *Voyez comment, en étant le vecteur d'une nouvelle si glorieuse, Paul garde la confiance et la force face aux épreuves. Qu'est-ce que cela vous inspire ?*

- *Quel espoir permet à Paul de continuer (vv. 17-18) ?*

# 3. CE MONDE N'EST PAS MA DEMEURE (5.1-10)

Lisez les versets 1-10 puis répondez aux questions ensemble :

- *Pendant ses voyages missionnaires, Paul a fréquemment couru un danger de mort – lors des naufrages, face à des animaux sauvages ou face à des foules en colère. D'après vous, comment les évènements de sa vie ont-ils influencé le premier verset de ce chapitre ?*

- *La plupart des humains diraient probablement qu'ils préféreraient ne pas mourir. En fait, pour la plupart d'entre nous, nous faisons tout ce qui est en notre pouvoir pour prolonger notre vie autant que possible. En quoi l'attitude de Paul dans les versets 2-4 est-elle différente ?*

- *Qu'est-ce qui donne à Paul la confiance dont il parle au verset 6 ?*

• *Considérez-vous les versets 9-10 comme une menace ou comme une promesse? Qu'est-ce qui fait la différence?*

## 4. NOUVELLES CRÉATIONS (5.11-6.2)

*Paul a passé sa vie à apporter l'Evangile à ceux qui n'avaient jamais entendu parler de Christ. Qu'est-ce qui l'a poussé à faire cela? La culpabilité ? La peur? Une tentative d'apaiser Dieu? Dans ces versets, il nous permet de chercher sa réponse dans son coeur.*

Demandez à un élève de lire ces versets à haute voix puis débattez des questions :

• *Au premier abord, Paul semble servir Dieu par peur (v. 11). Mais Paul parle-t-il de sa peur de Dieu, ou de la peur que les humains qui ne connaissent pas Dieu connaîtront à la fin de la vie? (Lisez le verset 10 pour avoir une idée.)*

• *Qu'est-ce Paul est obligé de faire à cause de l'amour de Christ (v. 14)?*

• *Le verset 17 est peut-être un des versets les plus importants du Nouveau Testament. Pensez à ce verset pendant quelques instants puis écrivez ce qu'il signifie pour vous.*

• *Dieu a créé un monde pour que les humains en profitent et Il leur a donné quelques règles à respecter. Mais par fierté et par rébellion, les humains ont refusé d'obéir à ces quelques règles et ont exigé leur autonomie. Par conséquent, les humains ont été séparés de la présence et de l'amour de Dieu. « Réconcilier » c'est réunir deux parties qui ont été séparées par un désaccord. Dieu et l'humanité ont été séparés par l'entêtement et l'égoïsme de l'humanité. Selon les versets 18-19, qui a fait le premier pas pour aboutir à la réconciliation?* (Dieu a fait le premier pas vers la réconciliation. Il a fait cela en permettant que Jésus Christ meure pour nos péchés. Il n'a pas voulu de châtiment pour nous tant que nous n'avons pas eu la possibilité de nous réconcilier avec Lui. Dans Sa grâce et dans Son amour, il nous a gratuitement offert la réconciliation.)

• *Les versets 17-21 forment un autre résumé de l'Evangile. Si cette partie de la Bible était la seule partie existante, qu'auriez-vous appris ?*

# EXAMINEZ LA PAROLE

## Le Ministère de la réconciliation

Puisque Dieu a réconcilié l'humanité avec Lui-même à travers le sacrifice expiatoire de Christ, qu'est-ce que cela veut dire pour ceux d'entre nous qui sommes chrétiens ? Paul parle de cela également :

• *»Connaissant donc la crainte du Seigneur, nous cherchons à convaincre les hommes »* (5.11).

• *»Car l'amour de Christ nous presse »* (5.14).

• *»Et tout cela vient de Dieu, qui nous a réconciliés avec lui par Christ, et qui nous a donné le ministère de la réconciliation »* (5.18).

• *»...il a mis en nous la parole de la réconciliation »* (5.19).

• *»Nous faisons donc les fonctions d'ambassadeurs pour Christ, comme si Dieu exhortait par nous »* (5.20).

1. *Qu'est-ce que cela signifie d'avoir le « le ministère de la réconciliation »?* (Avoir le « ministère de la réconciliation » signifie que nous avons l'opportunité et la responsabilité de porter le message de la réconciliation aux autres.)

2. *Quel est le « message de la réconciliation »?* (Le « message de la réconciliation » est que Christ est mort pour nos péchés afin que nous soyons réconcilés à Dieu.)

3. *Comment pouvons-nous être les « ambassadeurs de Christ » ?* (Nous sommes « les ambassadeurs de Christ » dans notre monde quand nous le représentons en partageant ce message d'amour

et de pardon. Demandez aux élèves de donner des exemples pratiques.)

# VIVEZ LA PAROLE

## *« Soyez réconciliés à Dieu »*

En terminant cette session, vous devrez être attentif/ive à vos élèves, à ce qui se passe autour de vous et au Saint-Esprit. Vous pouvez insister sur l'un ou l'autre des thèmes de la leçon, ou sur les deux. Si vous ressentez que certains jeunes dans votre groupe n'ont pas encore invité Christ dans leur vie, vous pourrez, si vous le désirez, leur expliquer le salut avec clarté et amour. Si vous sentez que certains élèves sont prêts à réagir, donnez-leur la possibilité de le faire dans la classe sur le moment ou demandez-leur de rester après le cours pour parler avec vous en privé.

*Si vous n'êtes pas chrétien, Dieu a fait le premier pas pour vous réconcilier à Lui : Christ est mort pour vos péchés afin qu'il n'y ait plus de raison pour la séparation. Il vous invite à être « une nouvelle création ». Comment faites-vous cela?*

1. *Reconnaissez que Dieu vous aime et qu'Il vous a offert la réconciliation.*

2. *Admettez qu'il existe une séparation entre vous et Dieu causée par l'ignorance et par la désobéissance volontaire.*

3. *Soyez sincèrement désolés pour le péché et la rébellion dans votre coeur.*

4. *Acceptez l'offre de réconciliation de Dieu en invitant Christ dans votre vie comme votre Seigneur et Sauveur.*

Si vous sentez que la plupart de vos élèves (ou tous) sont déjà des chrétiens, vous pouvez les inviter à relever le défi de Paul et à devenir des ministres de la réconciliation. Vous pouvez consacrer quelques instants à discuter de la manière dont vos jeunes peuvent le faire. Encouragez-les à avoir un plan spécifique pour être les « ambassadeurs de Christ » auprès de leurs amis et de leur famille.

*Si vous êtes déjà un chrétien, considérez sérieusement le défi de Paul pour devenir un « ministre de la réconciliation ». Que pouvez-vous faire cette semaine pour relever ce défi? Comment pouvez-vous partager le « message de la réconciliation » avec vos amis?*

Terminez par une prière d'engagement.

## PASSAGE BIBLIQUE

2 Corinthiens 6.3-7.16

## VERSET CLÉ

*« Ne vous mettez pas avec les infidèles sous un joug étranger »* (2 Corinthiens 6.14).

## OBJECTIFS DE LA LEÇON

Aider les élèves à :

1. comprendre que des relations étroites avec des non croyants peuvent mettre en péril leur santé spirituelle.

2. désirer protéger leur santé spirituelle.

3. examiner leurs relations avec les non chrétiens.

# LEÇON 10

# Les jougs inégaux

## PERSPECTIVE

Pour certaines personnes, tous les chrétiens devraient s'éloigner des non chrétiens et ne fréquenter que des chrétiens. Peut-être que cela nous protègerait des relations spirituellement malsaines, mais cela ne serait pas très pratique.

L'astuce, c'est de trouver comment être dans le monde sans être du monde. On pourrait dire que vos jeunes doivent être isolés des mauvaises influences sans être totalement séparés de tous les non chrétiens. C'est déjà assez difficile pour les jeunes d'être chrétiens – s'accrocher à leurs valeurs, éviter les activités malsaines, prendre du temps pour leur croissance spirituelle – sans paraître marginaux. Insister pour qu'ils aient des relations uniquement avec d'autres chrétiens ne fait que compliquer un peu plus leur vie.

Que doivent faire les jeunes chrétiens? Cette leçon va explorer les instructions de Paul pour éviter des relations inégales avec des non croyants et équilibrer le besoin d'avoir des relations normales dans ce monde. Vos jeunes seront encouragés à examiner leurs relations pour

déterminer quels dommages ils pourraient ainsi causer à leur santé spirituelle.

## CONTEXTE BIBLIQUE

Dans 2 Corinthiens 6.3, Paul revient aux problèmes causés par ceux de la congrégation qui l'ont attaqués. Leur attaque était apparemment assez sérieuse pour que l'apôtre passe beaucoup de temps à se défendre, une chose qui le met clairement mal à l'aise.

Comme précédemment, il commence sa défense en faisant une liste de toutes les épreuves qu'il a subites pendant ses voyages missionnaires. Cette liste a cependant une structure intéressante. La première partie (6.4-5) contient des afflictions telles que celles que nous trouvons sur d'autres listes. Mais ensuite, il passe à une liste de réactions positives face aux épreuves, dans les versets 6-7. Dans les versets 8-10, il liste plusieurs contrastes qui indiquent la nature difficile de sa vie.

Finalement, dans les versets 11-13, Paul parle franchement et sévèrement aux Corinthiens : « Nous ne vous avons point refusé notre affection, mais c'est vous qui avez fermé votre cœur » BFC (v. 12). Il les supplie, comme un père le ferait avec ses enfants, de lui ouvrir leur coeur.

Dans 6.14-7.1 nous trouvons ce qui semble être une section entre parenthèses, puisque 7.2 suit si nettement 6.13. Pour certains érudits, cette section n'est pas à sa place, certains pensent même qu'elle appartient à une autre lettre. Quelle que soit la manière dont elle est arrivée dans ce texte, cette section est très importante. Dans ces versets, Paul presse les Corinthiens d'éviter l'influence de leurs voisins païens. « Ne vous mettez pas avec les infidèles sous un joug étranger » dit Paul au verset 14. Le langage vient de Deutéronome 22.10 : « Tu ne laboureras point avec un boeuf et un âne attelés ensemble ». La loi de l'Ancien Testament reconnaît que les animaux pourraient souffrir s'ils étaient réunis dans un attelage mal assorti. Ici, Paul utilise cette maxime agricole pour illustrer la difficulté à laquelle sont confrontés les chrétiens dans leurs relations avec des non chrétiens.

Bien que ce verset soit fréquemment cité pour parler du mariage entre chrétiens et non chrétiens, ses implications sont beaucoup plus vastes. Paul dit à ses lecteurs que toute sorte de relation qui implique une association ou une interdépendance avec des non croyants est source de troubles pour le Chrétien. Il continue en posant une série de questions rhétoriques, en commençant par : « Quel rapport y a-t-il entre la justice et l'iniquité » (v. 14). La réponse tacite à chaque question est « rien » ou « aucun ».

Cette discussion est particulièrement pertinente pour les jeunes, particulièrement quand elle est élargie à d'autres relations en plus de celle du mariage. Parce que Paul parle avec tant de conviction ici, il semble interdire tout contact avec des non croyants. Mais il a déjà écrit dans 1 Corinthiens 5.9-10 qu'il est nécessaire d'avoir des relations avec le monde. Jésus Lui-même a prié non pas pour que Dieu ôte Ses disciples du monde, mais pour qu'Il les « préserve du mal » (Jean 17.15-16). Dans cette prière, Jésus reconnaît qu'un chrétien peut être dans le monde sans être du monde.

Un autre point à considérer ici est que quelques versets plus tôt Paul a écrit que les chrétiens doivent être les « ambassadeurs de Christ » portant le « ministère de la réconciliation » aux peuples du monde (2 Corinthiens 5.18-20). Certes, nous ne pouvons pas partager l'Evangile avec les non croyants si nous n'avons pas de relations avec eux. De plus, nos relations doivent être assez intimes et amicales pour que nous puissions leur parler de manière si personnelle.

La solution semble être dans la nature des relations. Les chrétiens doivent travailler, vivre dans des communautés, aller à l'école – toujours en compagnie des non croyants. Cependant, les relations entre chrétiens et non chrétiens ne doivent pas en arriver à un certain niveau : il ne doivent pas « être sous le même joug » qu'eux. Les personnes qui « sont sous le même joug » partagent les mêmes objectifs, dépendent les unes des autres et s'influencent réciproquement avec leurs comportements et leurs attitudes. Le chrétien doit prendre garde à ce que sa relation avec le non chrétien ne soit pas influencée de manière à lui causer des dommages spirituels.

Dans 7.2 Paul continue avec sa ligne de pensée de 6.13, demandant aux Corinthiens de lui ouvrir leur coeur. Il fait encore référence à une lettre précédente qui a attristé les Corinthiens. Il peut s'agir de 1 Corinthiens ou d'une autre lettre qui a été perdue depuis.

L'apôtre indique qu'il n'est pas désolé pour la tristesse que sa lettre a causée aux Corinthiens. Au premier abord, cela semble dur, jusqu'à ce que l'on comprenne sa raison : « votre tristesse vous a portés à la repentance » (v. 9). Ici nous voyons, comme dans 2.5-11, que le but de la discipline n'est pas la punition mais la rédemption. Tous ceux d'entre nous qui sont dans une situation d'autorité (y compris les parents) devraient s'en souvenir. Le modèle que Paul nous présente est le suivant : (1) une discipline rapide et efficace afin de confronter le coupable avec la gravité de son offense ; (2) du temps pour être sincèrement désolé ; puis (3) une réconciliation chaleureuse et affectueuse avec le coupable lorsqu'il est de nouveau accueilli dans la communion fraternelle. Ce modèle ne permet pas à la figure représentant l'autorité de s'exprimer à travers une activité punitive.

Paul conclut ce chapitre avec un langage qui semble indiquer qu'au moins la majorité de la congrégation de Corinthe s'est réconciliée avec l'apôtre. On le voit dans la manière dont ils ont traité Tite, l'émissaire de Paul (vv. 13-16).

# ACTIVITÉS DE LA SESSION

## ABORDEZ LA PAROLE

### Les déséquilibres dans les couples

Cette activité crée une émission télévisée fictive sur le thème des chrétiens qui ont une relation étroite avec des non chrétiens. Si vous voulez rendre l'exercice plus amusant, demandez à trois jeunes adultes de jouer le rôle des invités pendant que vous jouerez celui d'Oprah, l'animatrice de l'émission. Assurez-vous de leur remettre leurs « scripts » bien à l'avance afin qu'ils puissent se préparer. Ils ne doivent pas mémoriser le texte au mot près, mais ils doivent tout de même se familiariser avec le matériel.

## Les déséquilibres dans le couple

*Imaginez la scène : Un jour, alors que vous êtes devant la télé et que vous zappez d'une chaîne à l'autre, vous entendez l'annonce suivante : « Dans la prochaine émission d'Oprah : des chrétiens qui ont des relations trop étroites avec des non chrétiens ». Vous vous dites : « Eh bien, je dois voir ça ! » Et le lendemain, vous regardez l'émission d'Oprah pour voir de quoi il s'agit. Il y a trois invités sur le plateau et vous écoutez leurs histoires :*

**PEGGY** : Je n'avais que 17 ans quand j'ai commencé à sortir avec Phil. Mes parents étaient contre cette relation dés le départ. Vous voyez, nous étions une famille très religieuse, qui fréquentait beaucoup l'église. Mais la famille de Phil n'allait jamais à l'église. Phil n'était pas vraiment sauvage, mais il aimait bien s'amuser. A la fin de nos études secondaires, nous nous sommes mariés, malgré les objections de mes parents. Au début, j'ai continué à aller à l'église. Phil disait que ça ne le dérangeait pas, mais je savais bien qu'il n'était pas très content quand je quittais la maison. J'ai donc commencé à fréquenter l'église de moins en moins, juste pour préserver la paix à la maison. Et puis rapidement, on a commencé à aller camper pendant les weekends – ou bien on sortait avec amis, ou on voyageait. Même quand on restait à la maison, on avait beaucoup de choses à faire. Bientôt, je n'allais plus à l'église du tout. C'est alors que Phil a eu cette promotion dans son entreprise et il a commencé à recevoir des invitations pour toutes sortes de fêtes. Naturellement, j'allais avec lui. Phil n'a jamais été un grand buveur, mais il buvait. Et moi aussi je me suis mise à boire. Au bout de quelques années, j'ai réalisé que je ne priais même plus.

**MARVIN** : A la fin de mes études universitaires, j'ai monté une affaire avec mon colocataire. Nous étions associés à parts égales dans une entreprise de livraison de bois de construction. Les choses ont très bien marché pendant les premières années. Nous avons gagné beaucoup d'argent. Puis la récession est arrivée et les choses sont devenues plus difficiles. Ron, mon associé, a suggéré des moyens pour économiser notre argent. J'étais entièrement d'accord avec le principe, mais les moyens qu'il proposait n'étaient pas vraiment légaux – par exemple : ne pas déclarer tous nos bénéfices au fisc, ou sous-payer certains de nos jeunes employés. Comme nous étions associés à parts égales, nous devions être tous les deux d'accord sur toutes les décisions. C'est alors devenu très difficile pour moi de travailler avec Ron. J'ai fini par vendre ma part de l'entreprise et mettre un terme à notre collaboration. Cela ne valait pas la peine de perdre ma santé spirituelle pour garder cette affaire.

**TREVOR** : Randy et moi, nous sommes amis depuis le lycée et l'université. Nous nous sommes même mariés le même jour. Il a été mon garçon d'honneur et j'ai fait de même pour lui ! Randy, sa femme, mon épouse et moi, nous faisions tout ensemble. Tout, sauf aller à l'église. Carol et moi sommes chrétiens. Randy et Brenda ne le sont pas. Lorsque Randy a rejoint un club pour hommes, il m'a demandé de m'y inscrire aussi. J'ai été une fois, mais je ne m'y suis pas senti très l'aise. Tout le monde y buvait et jouait à des jeux d'argent et ils se comportaient mal également. Je lui ai donc dit que je ne m'inscrirai pas. Mais il a insisté et j'ai finalement cédé. Il y avait aussi plusieurs activités le week-end, particulièrement le dimanche. Pour rester membre, j'ai dû assister à un certain nombre de ces activités. Au bout du compte, à force de ne plus aller à l'église et de trop fréquenter ce milieu, cela a perturbé ma vie spirituelle. Je sais que pour rien au monde Randy ne me blesserait intentionnellement, mais il ne comprend simplement pas les choses spirituelles.

Après la présentation, demandez à votre classe de réagir. Vous pouvez utiliser ces questions pour lancer la discussion :

- *Ces situations sont-elles réalistes ?*

- *Avez-vous déjà rencontré quelqu'un qui ressemble à l'un des trois invités ?*

- *D'après vous, jusqu'à quel point un chrétien peut-il avoir des relations avec des non chrétiens ?*

- *Pensez-vous qu'il soit dangereux pour des chrétiens de se marier avec des non chrétiens, d'être associés en affaire ou meilleur ami avec des non chrétiens ?*

A ce stade de la leçon, écoutez simplement les réponses de vos jeunes, sans faire de commentaires. Cela vous aidera pour la suite de la leçon.

# EXPLOREZ LA PAROLE

*Dans ces chapitres, Paul revient à des problèmes spécifiques dans l'Eglise de Corinthe, particulièrement sur les attaques des Corinthiens à son encontre.*

## 1. PAUL PARLE SÉVÈREMENT À SES ENFANTS (6.3-13)

Comme nous l'avons noté plus tôt, il y avait apparemment un grand groupe à Corinthe qui attaquait Paul. Fréquemment, dans 1 et 2 Corinthiens, Paul a dû défendre son honneur et son ministère, à contrecœur. Ces versets sont les plus durs de son discours.

Demandez à quelqu'un de lire 6.3-13 puis répondez ensemble aux questions :

- *Au verset 4, Paul dit : « Mais nous nous rendons à tous égards recommandables, comme serviteurs de Dieu ». Pensez-vous que Paul se défend et défend son ministère si souvent pour son propre intérêt ? Ou bien y a-t-il une autre raison pour laquelle les Corinthiens ont besoin d'avoir confiance en l'apôtre ?*

- *Dans les versets 4-5, Paul cite certaines des difficultés auxquelles il a été confronté. Lisez aussi 2 Corinthiens 1.8-9 et 4.8-9. Comment décririez-vous la vie d'un apôtre ?*

- *Dans les versets 6-7, Paul passe de la liste des difficultés à la liste des moyens grâce auxquels il a pu faire face à ces difficultés. Pourquoi est-il si important pour Paul d'inclure ces éléments dans sa liste ?*

- *Dans les versets 8-10, Paul cite des choses contradictoires. Lisons ces versets attentivement. Que ressentiriez-vous si vous vous retrouviez dans ces situations ?*

- *Finalement, dans les versets 11-13, Paul parle directement aux Corinthiens qui l'ont attaqués. Que leur demande-t-il ? Pensez-vous que sa demande est juste ?*

## 2. ON RÉCOLTE CE QUE L'ON SÈME (6.13-7.1)

Ces versets semblent être une parenthèse dans la réflexion de Paul puisque 7.2 semble nettement se rapporter à 6.13. Peut-être que dans le passé, au cours des premiers siècles, ces versets ont été déplacés. Ou peut-être que Paul a eu une idée soudaine pendant qu'il dictait sa lettre et qu'il a voulu en parler avant de l'oublier. Néanmoins, cette section contient des instructions très importantes.

Après avoir demandé à un élève de lire ces versets, guidez une discussion à partir de ces questions :

- *Paul dit très strictement : « Ne vous mettez pas avec les infidèles sous un joug étranger » (v. 14). (Pour ce verset, vous devrez certainement expliquer l'image de l'attelage des animaux avec un joug pour labourer.) Ce verset est souvent utilisé pour décourager les jeunes chrétiens de se marier avec des non chrétiens ; et on peut certainement inclure cette idée dans le discours de Paul. Mais il parle aussi de d'autres types de relations. De quelles autres manière un chrétien peut-il « se mettre imprudemment sous un joug étranger » avec des non chrétiens ?*

- *Paul continue dans les versets 14-16 en posant cinq questions qui parlent de la même chose en réalité. Bien sûr, il le présente de cette manière pour attirer l'attention. Il est clair que ce point lui tient à coeur. Que disent réellement ces cinq questions ? Quelles sont les réponses à chaque question ? (Note : Bélial est un autre nom pour Satan.)*

- *Souvenez-vous que Corinthe était une ville active avec de nombreuses idoles païennes et beaucoup de temples dédiés aux dieux païens. Il était difficile pour les chrétiens de Corinthe d'éviter tout contact avec les adorations des idoles. (Souvenez-vous de la discussion dans 1 Corinthiens 8.1-13 sur le fait de manger la viande sacrifiée) Pourquoi Paul est-il si préoccupé par le fait que les chrétiens soient trop proches de leurs concitoyens païens ?*

## 3. ENCORE UNE FOIS PAUL S'ADRESSE À SES ENFANTS (7.2-7)

Ici, Paul reprend l'idée qu'il a abandonnée au chapitre 6.13. Lisons encore une fois (ou résumons) 6.3-13 avant de lire ce passage, puisque les deux sections sont liées. L'apôtre s'adresse toujours à ceux qui l'ont attaqué.

Après avoir demandé à un élève de lire les deux passages, répondez ensemble aux questions :

- *Dans 6.13 Paul appelle les Corinthiens « mes enfants ». En quoi les versets 2-4 ressemblent-ils au discours d'un père ?*

- *Retournez en arrière et lisez 2.12-13 avant de lire 7.5. Pourquoi Paul était-il si triste avant d'entendre les nouvelles de Tite ?*

- *Quelles nouvelles Tite a-t-il apportées à Paul (v. 7) ?*

## 4. LA TRISTESSE APPORTE LA REPENTANCE (7.8-16)

Ici Paul parle encore d'une lettre précédente (voir 2.3-4). C'est peut-être une référence à 1 Corinthiens ou à une autre lettre qui a été perdue.

Dans les deux cas, il devait s'agir d'une lettre très dure, car elle a fait beaucoup de peine aux Corinthiens.

Lisez ces versets puis diriger une discussion dans la classe sur les questions suivantes :

- *Paul dit qu'il n'est pas désolé, il est même heureux, que cette lettre leur ait fait de la peine. Pourquoi dit-il cela (v. 9)?*

- *Remarquez qu'ici aussi Paul dit de la discipline qu'elle est rédemptrice plutôt que punitive. Nous avons vu cette idée dans 2.5-11. C'est une distinction très importante que nous devons faire. Quelle est la différence? Comment la discipline peut-elle être rédemptrice plutôt que punitive?*

- *Quelle est la différence entre « la tristesse selon Dieu » et « la tristesse du monde » (v. 10)?*

- *Que disent les versets 13-16 à propos de la relation entre Paul et les Corinthiens? En quoi ce passage est-il différent de 6.11-12?*

# EXAMINEZ LA PAROLE

## Dans le monde mais pas du monde

Demandez à l'avance à trois élèves de lire Jean 17.15-16 ; 1 Corinthiens 5.9-10 ; et 2 Corinthiens 5.18-20. Ces versets apportent un équilibre au passage biblique à étudier dans cette leçon et soulèvent la question suivante : « Quels sont les types de relations avec les non chrétiens qui sont bonnes ? Et quelles sont les mauvaises ? »

- *Dans les citations de l'Ancien Testament citées dans les versets 17-18, il est clair que Dieu attend des chrétiens qu'ils évitent les contacts avec les non chrétiens. Veut-il dire tout contact?*

- *Devons-nous nous isoler complètement des non chrétiens?*

- *J'ai demandé à certains de lire Jean 17.15-16 ; 1 Corinthiens 5.9-10 ; et 2 Corinthiens 5.18-20. Quelle lumière ces versets apportent-ils sur cette question?*

- *Il est évident que vous ne pouvez pas éviter tout contact avec les non chrétiens. En fait, vous ne devriez pas éviter le contact. Souvenez-vous de ce que Paul a dit à propos de nous : que nous sommes des ministres de la réconciliation et les ambassadeurs de Christ (5.18-20)?*

Cette question devrait créer un débat de plusieurs minutes parmi vos élèves. Les élèves devraient probablement en arriver à une conclusion de ce genre : les associations qui heurtent notre vie spirituelle sont mauvaises. Les associations qui ne heurtent pas notre vie spirituelle ne sont pas mauvaises, mais doivent être surveillées de près.

# VIVEZ LA PAROLE

## Analyse des associations

Vous ne voulez certainement pas donner l'impression de suggérer à vos jeunes de laisser tomber tous leurs amis non chrétiens. Ce n'est pas nécessaire. Mais il est nécessaire pour eux de surveiller de près leurs amitiés et leurs associations.

*Je voudrais que vous fassiez une liste de 10 personnes avec qui vous avez souvent des relations et qui ne sont pas chrétiennes. Puis, décrivez brièvement le type de relations que vous avez avec ces personnes. Enfin, attribuez à chacune de ces relations une note sur une échelle de 1 à 5 ; 1 signifiant « pas très proches » et 5 signifiant « très proches ».*

*A présent, regardez votre liste, en vous concentrant sur les personnes à qui vous avez attribué les notes de 4 ou 5. Posez-vous les questions suivantes :*

- *Quelle influence ces personnes exercent-elles sur vous?*

- *Est-ce trop?*

- *Certaines de ces relations mettent-elles votre condition et votre croissance spirituelle en danger?*

- *Certaines personnes ont-elles exercé des pressions sur vous pour*

**79**

*faire quelque chose que d'après vous un chrétien ne devrait pas faire?*

- *Ces personnes respectent-elles vos croyances et vos valeurs?*

- *Que devez-vous faire pour que ces relations ne heurtent pas votre vie spirituelle?*

Les élèves ne sont pas tenus de partager leurs réponses avec le groupe.

*Jésus ne nous demande pas de quitter tous nos amis et de vivre dans des colonies chrétiennes ségrégationnistes. Il attend plutôt de nous que nous soyons attentifs à nos relations et que nous soyons sûrs qu'aucune d'entre elles ne met notre vie spirituelle en danger. Il peut arriver qu'une de vos amitiés vous cause des difficultés sur le plan spirituel ; vous devrez, dans certains cas, prendre des distances avec cette relation ou bien y mettre un terme. Ce ne sera pas facile et vous aurez besoin du soutien de vos amis chrétiens – nous sommes-là pour vous. !*

Terminez la session avec une prière ; priez pour que vos jeunes pensent à surveiller leurs relations et à les maintenir à un niveau approprié.

# LEÇON 11

# Le don qui ne se lasse pas de donner

## PERSPECTIVE

S'il y a une chose pour laquelle les non croyants (et même certains croyants !) critiquent l'Eglise, c'est bien l'argent. Un fidèle qui ne fréquente pas souvent l'église disait : « Chaque fois que j'y vais, on me demande de l'argent ! »

Bien entendu, il faut de l'argent pour faire l'oeuvre de Dieu. Et il faut des chrétiens généreux, pleins d'abnégation pour fournir cet argent. De nombreux chrétiens plus âgés pourront témoigner que leurs habitudes et leurs attitudes par rapport aux offrandes se sont forgées pendant leur jeunesse.

Cette leçon demandera à vos jeunes d'identifier les principes de l'offrande chrétienne et d'examiner leur propre attitude en ce qui concerne l'offrande.

## PASSAGE BIBLIQUE

2 Corinthiens 8.1-9.15

## VERSET CLÉ

*« Que chacun donne comme il l'a résolu dans son coeur, sans tristesse ni contrainte ; car Dieu aime celui qui donne avec joie »* (2 Corinthiens 9.7).

## OBJECTIFS DE LA LEÇON

Aider les élèves à :

1. reconnaître que l'attitude avec laquelle ils donnent est plus importante que le montant de leur don.

2. désirer donner généreusement et régulièrement.

3. examiner leurs attitudes quand ils donnent.

# CONTEXTE BIBLIQUE

Dans 1 Corinthiens 16.1-4 nous lisons que Paul effectuait une collecte. Romains 15.26 nous dit que cette collecte était destinée aux chrétiens indigents à Jérusalem. En plus de répandre l'Evangile, d'établir et de gérer de nouvelles églises, et d'enseigner aux croyants, Paul avait aussi la tâche d'effectuer des collectes pendant ses voyages missionnaires.

Dans 2 Corinthiens 8-9, nous trouvons les instructions et les demandes pressantes de l'apôtre concernant cette offrande. Ces deux chapitres représentent peut-être les enseignements les meilleurs et les plus complets sur l'offrande dans le Nouveau Testament. Paul commence par citer les églises macédoniennes comme exemple. Malgré la persécution qu'ils subissaient et leur « pauvreté profonde » (v. 8 :2), ces chrétiens d'Asie avaient généreusement contribué aux offrandes. Ils étaient des exemples pour les Corinthiens, et pour nous, de croyants engagés qui ont donné malgré leur pauvreté pour aider d'autres personnes qui étaient dans le besoin. Ils ont même considéré un tel acte comme un « privilège » (v. 4).

Dans le verset 7, Paul cite le don de générosité, en plus de la foi, de la parole et de la connaissance ; des attributs dont il a parlé auparavant comme des dons spirituels. Il est clair que la générosité est un don spirituel que tous les croyants peuvent exercer.

Paul dit clairement qu'il ne « donne pas un ordre » aux Corinthiens (v. 8). En effet, un tel ordre enlèverait aux croyants l'opportunité de donner généreusement et joyeusement. Il cite l'exemple de Christ – « qui (…) s'est fait pauvre, de riche qu'il était » – comme le modèle du don sacrifiel (v. 9).

A travers ces deux chapitres, Paul souligne que c'est l'attitude avec laquelle on donne – et non le montant de ce que l'on donne – qui est importante. Dans le verset 12, il nous donne le principe du don proportionnel. Cela nous renvoie aux commentaires de Jésus sur les offrandes de la veuve pauvre dans Luc 21.1-4.

Dans 8.18-24, Paul indique que plusieurs personnes ont été choisies pour accompagner cette offrande afin qu'il n'y ait aucun soupçon de scandale ou de détournement. C'est un bon avertissement pour ceux qui gèrent l'argent dans nos congrégations. Les histoires très médiatisées de détournement de fonds des ministères des nations indépendantes devraient nous rappeler qu'il faut accorder une attention particulière à la sécurité de l'argent de Dieu.

Dans les instructions précédentes de Paul (1 Corinthiens 16), il a indiqué que les Corinthiens devraient mettre de côté une somme d'argent chaque semaine afin qu'ils soient prêts à participer à la collecte à son arrivée. Encore, dans ce passage, il insiste pour que les Corinthiens se préparent pour cette collecte (9.3-4). Bien que le don spontané soit admirable, le don planifié est souvent plus efficace. Les jeunes doivent comprendre ce principe. Donner à chaque fois « qu'ils en ont envie » c'est plutôt un caprice d'adolescent ; mais le don régulier et planifié, c'est une bonne habitude à cultiver. (Ceci dit, il ne faut pas non plus annuler le don spontané qui vient en plus de l'offrande habituelle et qui est donné parce que notre cœur a été touché par un besoin particulier).

Dans 9.6, Paul parle des principes des semailles et de la récolte. Cette idée est poursuivie dans les versets 8-11 avec des promesses d'abondance et de richesses. Malheureusement, certains hommes religieux peu scrupuleux ont pervertis le langage de Paul dans ce passage. L'apôtre n'établit pas ici une formule mathématique qui garantie un certain « retour sur investissement » de l'argent donné. Il parle des bénédictions spirituelles et non pas matérielles du don généreux. De plus, toute personne qui donne dans le but de recevoir viole les autres principes de Paul du don généreux, joyeux et plein d'abnégation.

Dans le verset 7, Paul présente un des plus importants principes de l'offrande chrétienne : personne ne devrait donner à contrecoeur par compulsion (ou contrainte), mais plutôt avec joie. Nous devons nous souvenir de cela lorsque nous présentons ce matériel aux jeunes. Si nous les rendons coupables ou honteux, ou si nous tentons de

les manipuler émotionnellement pour qu'ils fassent des offrandes, nous nous rendons coupables de compulsion. Ils doivent être encouragés, stimulés et inspirés, mais jamais contraints à donner.

Dans les versets 12-14, Paul indique que les bénéficiaires des offrandes à Jérusalem en tireront non seulement un bénéfice matériel mais aussi une bénédiction spirituelle. La générosité des Corinthiens, des Macédoniens et d'autres croyants, amènera les chrétiens de Jérusalem à louer Dieu et ils se souviendront de leurs généreux donateurs dans leurs prières. Le lien entre le don d'argent et la bénédiction spirituelle qui en découle (à la fois pour le bénéficiaire et pour le donateur) est un aspect important qu'il faut préserver.

Paul termine cette discussion en disant : « Grâces soient rendues à Dieu pour son don ineffable ! » (v. 15). Il est évident qu'il ne parle pas d'argent ici. Il vient juste de mentionner la « grâce éminente » de Dieu (v. 14). Et il fait encore référence au don de Jésus Christ, comme il l'a fait dans 8.9.

Dans votre révision de ces deux chapitres, notez combien de fois Paul utilise des mots comme « joie débordante », « riches libéralités », « enthousiasme », « zèle » et « bonne volonté ». Il serait difficile de passer à côté de la principale instruction de l'apôtre dans ces chapitres, qui porte sur l'attitude du donateur – qui définit la nature spirituelle du don – et non sur la qualité ou le montant du don. Cette idée devrait être le point culminant de cette leçon.

# ACTIVITÉS DE LA SESSION

## ABORDEZ LA PAROLE

### Où va tout votre argent?

Commencez cette leçon en demandant à vos élèves d'estimer combien d'argent ils dépensent chaque mois pour les éléments listés plus bas. Bien entendu, certains jeunes ont plus « d'argent de poche » que d'autres. Découragez d'emblée la comparaison entre eux et aidez-les plutôt à réfléchir à la manière dont ils dépensent leur argent. N'hésitez pas à ajouter à cette liste des éléments qui reflètent le mieux les choses pour lesquelles vos élèves dépensent de l'argent.

### Où va tout votre argent?

1. Revenez en arrière sur les quatre ou cinq dernières semaines. Combien d'argent personnel dépensez-vous en un mois pour les choses suivantes?

   a. Repas et casse-croûte

   b. Vêtements

   c. Musique

   d. Loisirs

   e. Matériel scolaire

   f. Produits cosmétiques

   g. Magazines, livres, bandes dessinées

   h. Matériel de sport

   i. Transport

   j. Offrandes pour l'église

   k. Accès à Internet

2. Que pensez-vous du fait de donner de l'argent à l'église? Choisissez une ou plusieurs réponses :

   a. J'aime donner de l'argent à l'église et je le fais avec joie.

   b. Je comprends la nécessité des offrandes et je donne par sens des responsabilités.

   c. Je donne parce que je sais que Dieu veut que je le fasse et je veux Lui plaire.

   d. Je donne parce que tout le monde s'attend à ce que je le fasse.

   e. Je donne parce que mes parents me poussent à le faire.

f.  J'ai horreur de donner de l'argent à l'église.

g.  Je ne donne pas de l'argent à l'église.

Il est inutile de leur faire partager leurs réponses, sauf si certaines désirent s'exprimer. Maintenez un ton léger et amusant pour cette activité ; ne laissez pas s'installer un sentiment de culpabilité à propos de l'argent dépensé ou donné. (Ce principe est valable pour toute la leçon).

# EXPLOREZ LA PAROLE

*Dans ces deux chapitres Paul retourne à un sujet qu'il a abordé dans sa première lettre : l'offrande (voir 1 Cor. 16.1-3). La plupart des membres de l'Eglise primitive appartenaient à la classe sociale inférieure de la société. Il était nécessaire d'effectuer des collectes parmi les chrétiens pour qu'ils puissent s'entraider. (Certaines choses ne changent jamais !) Au premier abord, ces chapitres semblent traiter de contrés anciennes et de problèmes anciens. Pourtant, plusieurs éléments s'appliquent à nous aussi.*

## 1. DONNER GÉNÉREUSEMENT (8.1-15)

*Nous découvrons en lisant Romains 15.26 et 1 Corinthiens 16.1-4 que Paul collectait de l'argent pour l'église de Jérusalem, le berceau du christianisme. Les croyants y étaient plutôt pauvres. Lorsque nous lisons ces versets et ceux qui suivent, nous trouvons des principes et des directives valables pour nous aujourd'hui.*

Demandez à un élève de lire 8.1-15 puis discutez ensemble des questions suivantes :

*   *Les chrétiens en Macédoine subissaient une intense persécution à cause de leur foi. Plusieurs d'entre eux avaient perdu leurs propriétés, leur travail et leurs biens. Et pourtant, d'après Paul, quelle a été leur réponse à l'offrande ?*

*   *Au verset 8 Paul dit : « Je ne dis pas cela pour donner un ordre ». Pourquoi ne leur ordonne-t-il pas simplement de donner ?*

*   *Quel est l'exemple suprême pour nous en matière d'abnégation et de don (v. 9) ?*

*   *Apparemment, Paul effectuait la collecte depuis un an (v. 10). Quels sont les deux principes du don qui sont présentés dans ce verset 12 ?*

## 2. UNE GESTION RESPONSABLE DES OFFRANDES (8.16-24)

*Dans cette section Paul dit aux Corinthiens comment l'argent est géré, afin qu'il n'y ait aucun soupçon ni aucun doute à ce sujet.*

Demandez à un élève de lire ces versts, puis discutez des questions ensemble :

*   *Au vu des critiques que Paul a endurées de la part des Corinthiens, pourquoi est-il sage que les offrandes soient escortées par plusieurs personnes ?*

*   *Pourquoi est-il toujours nécessaire aujourd'hui que l'argent de l'église soit géré de manière sûre et responsable ?*

*   *Remarquez les mots comme « plein grés » (v. 17), « bonne volonté » (v. 19), « abondante collecte » (v. 20), et « zèle » (v. 22). Que nous disent ces mots à propos des personnes impliquées dans cette offrande, les donateurs comme les collecteurs ?*

*   *Que pensez-vous du fait qu'on vous demande de donner de l'argent à l'église ?*

## 3. PLANIFICATION MINUTIEUSE (9.1-5)

*Dans cette section, l'apôtre donne aux Corinthiens certains conseils pratiques sur la préparation de cette collecte.*

Lisez ces versets puis guidez la classe dans une discussion à partir des questions suivantes :

*   *Il semble que les Corinthiens étaient au courant de cette offrande depuis un an (v. 2). Pourquoi,*

d'après vous, Paul les avertit-il pour qu'ils soient prêts (v. 3)?

• *Retournez à 1 Corinthiens 16.2. Quel est le plan que Paul leur a donné pour qu'il soit prêt?*

• *Pourquoi pensez-vous que nous prenons les offrandes chaque semaine dans nos églises plutôt que tous les mois ou tous les ans?*

• *Quel sera le résultat si les Corinthiens ne sont pas préparés pour l'offrande et qu'ils se sentent bousculés à la dernière minute (v. 5)?*

## 4. SEMER ET RÉCOLTER (9.6-15)

Paul a déjà énoncé des principes sur le don qui s'appliquent aussi bien à nous qu'aux Corinthiens. A présent, il écrit l'un des meilleurs passages du Nouveau Testament sur le don chrétien.

Demandez à quelqu'un de lire ces versets, puis discutez des questions ensemble :

• *Pensez-vous que Paul établit une formule mathématique dans le verset 6? Quelque chose comme : « Si vous donnez 100 francs CFA, vous recevrez 200 francs en retour ». Pourquoi pas?*

• *Au verset 7, Paul dit comment les dons devraient être faits et comment ils ne devraient pas être faits. Quelles sont les choses à faire et à ne pas faire?*

• *Paul a déjà remarqué que les croyants à Jérusalem, les bénéficiaires de l'offrande, sont dans la misère et que les croyants de Macédoine sont aussi pauvres. Alors comment peut-il dire ce qu'il dit aux versets 8-11? Serait-il possible qu'il parle d'autre chose que de l'argent ? Si oui, de quoi s'agit-il ?*

• *Avez-vous déjà reçu une bénédiction parce que vous avez été généreux?*

• *Quelle est la conséquence d'une offrande généreuse, à la fois pour le bénéficiaire et pour le donateur (vv. 13-14)?*

• *Quand Paul dit : « Grâces soient rendues à Dieu pour son don ineffable ! » (v. 15), il ne parle pas de l'offrande. De quoi parle-t-il?*

# EXAMINEZ LA PAROLE

## *Oh non, encore une offrande !*

Le but de cette étude est d'aider vos élèves à identifier les principes du don Chrétien dans ces deux chapitres. La liste suivante présente certaines attitudes communes concernant les offrandes et des excuses que les fidèles donnent fréquemment pour expliquer pourquoi ils ne donnent pas. Demandez à vos élèves de lire 2 Corinthiens 8-9 afin de trouver les versets qui répondent à ces attitudes. Faites-les travailler par groupes de deux ou par petites équipes.

## *OH NON, ENCORE UNE OFFRANDE !*

Comme nous l'avons vu, Paul écrit dans 2 Corinthiens 8-9 au sujet d'une offrande qu'il collecte pour les chrétiens de Jérusalem. Supposons que certains Corinthiens étaient vraiment doués pour esquiver les offrandes. Voici une liste de certaines de leurs réponses. Trouvez des versets dans ces deux chapitres qui répondent à leurs excuses et à leurs griefs.

1. »Je ne peux vraiment pas me permettre de donner. J'ai déjà assez de problèmes pour payer mes factures » (8.2-3)

2. »J'ai d'autres dons à partager avec l'église. Après tout, je chante dans la chorale et je donne des cours à l'école du dimanche. » (8.7)

3. « Je ne vois personne d'autre donner. » (8.9)

4. »Je ne peux pas donner autant que ce que les autres donnent. » (8.12)

5. « J'ai l'impression de ne jamais être prêt quand le plateau des offrandes arrive. » (9.3-4 (voir aussi 1 Corinthiens 16.2))

6. »Je ne vois pas pourquoi je devrais donner. Je ne reçois jamais rien en retour. » (9.6-11)

7. »Eh bien, je donne quand quelqu'un me pousse à le faire. » (9.7)

8. »Je donne, mais je ne le fais pas de bon coeur. » (9.7)

9. »Je ne pense pas que les personnes qui profitent des offrandes soient reconnaissantes. » (9.12-14)

La plupart des jeunes n'ont aucune idée de qu'il advient de leur argent une fois qu'il a été mis sur le plateau des offrandes. Pour eux, cet argent disparaît simplement dans les rouages de la bureaucratie de l'institution. Afin qu'ils puissent établir les bonnes attitudes par rapport à l'offrande, ils ont besoin de relier leurs offrandes aux besoins auxquels répondent ces offrandes. Aidez-les à voir où va leur argent et ce qui est accompli grâce à leur don. Aidez-les à voir que leur argent est en fait utilisé pour répandre l'Evangile, pour aider des personnes dans le besoin et pour exercer des ministères auprès de diverses personnes.

## VIVEZ LA PAROLE

### Un modèle pour donner

Tout au long de cette leçon vous avez pris le soin de souligner que l'attitude avec laquelle le don est fait est plus importante que le montant du don. Si vos jeunes peuvent être inspirés pour donner généreusement par désir d'aider les autres, leurs dons augmenteront à mesure que leurs revenus augmentent, dans les années à venir.

*Le modèle d'attitude, bien sûr, est celui Christ. Nous lisons aussi dans 2 Corinthiens 8.9 « Car vous connaissez la grâce de notre Seigneur Jésus-Christ, qui pour vous s'est fait pauvre, de riche qu'il était, afin que par sa pauvreté vous fussiez enrichis » et 2 Corinthiens 9.15 : « Grâces soient rendues à Dieu pour son don ineffable ! ». Le donateur originel, c'est Dieu. Notre offrande vient en réponse à Sa générosité.*

Pour clôturer la session, proposez un moment de méditation silencieuse, d'action de grâce et d'adoration. Prévoyez un chant approprié. Faites en sorte que les élèves partent non pas avec des pensées liées à l'argent, mais avec une attitude de reconnaissance et un désir de partager leurs bénédictions avec les autres.

Terminez par une prière.

86

## LEÇON 12

# PERSONNE NE CONNAÎT MIEUX MES SOUFFRANCES QUE JESUS

## PASSAGE BIBLIQUE

2 Corinthiens 10.1-11.33

## VERSET CLÉ

« (…) afin de ne pas placer notre confiance en nous même, mais de la placer en Dieu » (2 Corinthiens 1.9).

## OBJECTIFS DE LA LEÇON

Aider les élèves à :

1. découvrir que les périodes difficiles peuvent les aider à apprendre à se confier à Dieu pour leur consolation.

2. apprécier la volonté de Dieu de les aider.

3. confier leurs problèmes actuels à Dieu.

### PERSPECTIVE

Trop souvent, nous les adultes, nous voyons l'enfance et l'adolescence comme un temps pour le jeu et l'irresponsabilité. Nous oublions les réelles difficultés que les jeunes peuvent rencontrer. Des choses qui nous semblent mineures sont importantes et douloureuses pour eux. Et, de plus en plus, les jeunes sont face à des difficultés et des tragédies qui seraient difficiles à gérer à n'importe quel âge.

Ce serait malhonnête d'essayer de minimiser les difficultés de vos jeunes ou de leur parler sans tenir compte de leurs sentiments. Ce serait aussi malhonnête de donner l'impression que suivre Jésus signifie la fin de la tristesse et de la souffrance. Même les meilleurs chrétiens, comme le montre la vie de l'apôtre Paul, ont soufferts des catastrophes naturelles et des infortunes.

Cette leçon étudiera comment Paul a géré ses épreuves et comment il a appris, grâce à ces épreuves, à se confier à Dieu. Vos jeunes auront l'opportunité de gérer leurs difficultés de la même manière.

## CONTEXTE BIBLIQUE

Dans le chapitre 10, Paul revient à un sujet familier dans les lettres aux Corinthiens, une défense de lui-même en tant qu'apôtre. Il apparaît clairement dans son langage, que cet exercice est inconfortable pour lui. Donc, pourquoi le fait-il ? Tout d'abord, nous devons reconnaître qu'il ne s'agit pas simplement d'orgueil personnel et de réputation. Paul défend son autorité apostolique face aux attaques.

Nous nous souvenons que cette lettre a été écrite très tôt dans la vie de l'Eglise du premier siècle, probablement vers 56-57 ap. J.C. A cette époque, l'Eglise développait à la fois sa théologie et son organisation. Il n'y avait pas de figure claire représentant l'autorité, par de manuel de procédure, pas de conseil, pas de comité. Il n'y avait pas non plus de doctrine officielle reconnue, pas de livre de théologie ; de plus, étant donné que même les quatre Evangiles n'avaient pas encore été écrits, il n'y avait pas de bibliothèque ou de livre reconnu officiellement comme référence.

Etant donné que Paul avait introduit l'Evangile à Corinthe, tout ce que les Corinthiens savaient du christianisme, ils l'avaient appris de lui. S'il venait à être discrédité, alors ce qu'il leur avait enseigné le serait également. Dans les premiers temps de l'Eglise (tout comme dans tous les siècles qui ont suivi), il y avait un certain nombre de factions et de groupes dissidents qui enseignaient des théologies en alternance. Apparemment, dés que Paul a quitté Corinthe, certains groupes ont revendiqué leur autorité sur l'église.

La référence de Paul à des « apôtres par excellence » dans le chapitre 11 nous fait comprendre que certaines personnes tentaient de nier son autorité apostolique et de prendre cette autorité à leur compte. Si nous lisons entre les lignes de la lettres aux Corinthiens, nous pouvons avoir une assez bonne idée de la nature et de la stratégie de ces personnes.

Au début du chapitre 10, Paul se défend contre ceux qui l'accusent d'être « humble d'apparence » et « plein de hardiesse » dans ses lettres (v. 1). Les opposants de Paul disaient des choses de ce genre : « (…) ses lettres sont sévères et fortes ; mais, présent et en personne, il est faible, et sa parole est méprisable » (v. 10). Dans 11.6 Paul rétorque : « Si je suis ignorant sous le rapport du langage, je ne le suis point sous celui de la connaissance ». Les personnes qui attaquaient Paul étaient apparemment de très puissants orateurs, capables de galvaniser les foules par leur discours.

Nous devons nous souvenir que la plupart des expériences personnelles des Corinthiens avec Paul ont eu lieu pendant sa première visite, alors qu'il établissait une tête de pont pour l'Evangile. Si nous revenons à 1 Corinthiens 9.19-23, nous voyons que la tactique de Paul consistait en partie à s'identifier avec les autres : « J'ai été faible avec les faibles, afin de gagner les faibles » (v. 22). A présent, sa tactique informelle était tournée en critique.

Paul était également critiqué sur son mode de vie et de travail. Dans 10.2-5 nous voyons Paul se défendre contre des accusations selon lesquelles il vit « comme marchant selon la chair » (v. 2).

Nous avons une idée de l'attitude de ceux qui attaquaient Paul dans 10.12-18. Apparemment, ces « apôtres par excellence » occupaient le « territoire » de Paul (v. 16) et revendiquaient même l'église de Corinthe comme leur propre accomplissement (vv. 15-16). Le verset 18 est une sage philosophie dont nous devrions tous nous souvenir : « Car ce n'est pas celui qui se recommande lui-même qui est approuvé, c'est celui que le Seigneur recommande ».

Dans le chapitre 11 Paul est un peu plus concret dans sa défense. Les versets 3-4 nous aident à comprendre qu'il s'agit de bien plus que d'une affaire personnelle. L'opposition menace la vie spirituelle des croyants à Corinthe.

Dans 1 Corinthiens 9 Paul a défendu le droit pour un apôtre d'être pris en charge par l'église dans laquelle il exerce son ministère. Pourtant, Paul n'a pas cherché à être pris en charge par les Corinthiens. Dans 2 Corinthiens 11.7-12, nous découvrons que les détracteurs de l'apôtre avaient même réussi à tourner cet élément en critique contre Paul.

Au verset 13 Paul ne prends plus des gants pour parler aux Corinthiens et déclare franchement : « Ces hommes-là sont de faux apôtres, des ouvriers trompeurs, déguisés en apôtres de Christ. » Puis il qualifie ces usurpateurs de ministres de Satan (v. 15).

Dans 11.16-33 Paul est forcé d'utiliser certaines de ses expériences en tant que missionnaire pour se défendre. Il est évidemment très mal à l'aise de se « vanter » ; il dit : « Je parle en homme qui extravague » (v. 23).

Dans ce passage nous avons une autre liste des difficultés et des périls que Paul a rencontré pendant ses voyages missionnaires. Nous avons déjà vu une telle liste dans 1.3-11, 4.7-12 et 6.4-10. Nombre de ces évènements sont aussi décrits dans le récit de Luc qui raconte les voyages de Paul dans le Livre des Actes.

Il est certain que Paul et ses compagnons de voyage ont fait face à des dangers et même à la mort, quotidiennement. Ils ont tant voyagé qu'ils se sont trouvé très souvent dans des époques et des endroits sujets à des catastrophes. Et l'opposition que Paul a rencontrée dans de nombreuses villes, à la fois de la part des païens et de la part des Juifs, se terminait souvent par de la violence. Paul termine ce chapitre en décrivant comment il s'est échappé de justesse de Damas dans une corbeille.

Alors que dans ce passage, Paul fait simplement une liste des épreuves et des incidents sans faire de commentaires ; dans cette leçon, nous explorerons aussi les autres passages déjà mentionnés dans lesquels Paul nous donne une indication sur la manière dont il a fait face à ces calamités. Vos jeunes découvriront dans les autres passages que Paul a consi-

déré ses épreuves comme des opportunités pour apprendre à avoir confiance en Dieu. Pour enseigner cette leçon, vous pouvez vous référer au contexte biblique des leçons 8, 9, et 10.

# ACTIVITÉS DE LA SESSION

## ABORDEZ LA PAROLE

### Un catalogue de calamités

Cette première activité se fait en deux parties. La première demande à vos élèves de considérer une liste de 12 « calamités » qui peuvent arriver à un jeune. Ils doivent les classer de 1 à 12 ; 1 signifiant le plus facile à gérer et 12 signifiant le plus difficile à gérer.

## UN CATALOGUE DE CALAMITÉS

La liste ci-dessous présente des évènements que beaucoup de jeunes ont rencontrés. Classez-les par ordre de 1 à 12, en considérant que 1 = le plus facile à gérer et 12 = le plus difficile à gérer :

a. ___ Découvrir que vos parents sont en train de divorcer

b. ___ Echouer à un examen pour lequel vous avez étudié

c. ___ Perdre l'argent de votre déjeuner

d. ___ Casser avec votre petit(e) ami(e)

e. ___ Ne pas être sélectionné un à concours de majorette, capitaine d'équipe, président du comité des élèves, or ou tout autre titre.

f. ___ Votre meilleur ami déménage dans une autre ville

g. ___ Un de vos amis décède

h. ___ On se moque de vous parce que vous êtes chrétiens

i. ___ Tomber dans l'escalier à l'école

j. ___ Emménager dans une nouvelle ville

k. ___ Etre éconduit

l. ___ Découvrir que vous devez porter un appareil dentaire

A la fin de l'exercice, demandez-leur de partager leurs réponses.

*A présent, répondez à ces questions :*

1. *Quelle est la pire chose qui vous soit arrivée cette semaine ?*

2. *Quelle est la pire chose qui vous soit arrivée ce mois-ci ?*

3. *Quelle est la pire chose qui vous soit arrivée cette année ?*

4. *Quelle est la pire chose qui vous soit arrivée de toute votre vie ?*

Accordez-leur quelques instants pour répondre, puis demandez à plusieurs d'entre eux de partager leurs réponses. La plupart des jeunes n'auront eu que des difficultés plutôt insignifiantes, mais certains d'entre eux auront peut-être été confrontés à de sérieux problèmes. Ne minimisez aucun problème et ne laissez pas les élèves entrer dans une compétition pour savoir lequel d'entre eux a souffert le plus. Ecoutez plutôt attentivement leurs réponses.

# EXPLOREZ LA PAROLE

*Alors que Paul arrive à la fin de la lettre, il revient encore une fois sur le problème du groupe à Corinthe qui le critique sévèrement. A mesure que nous lisons, nous devons nous souvenir qu'il s'agit des premières décennies de l'Eglise. (Cette lettre a probablement été écrite vers 56-57 ap. J.C.). Il y avait peu de structure, pas de règles ou de théologies écrites, pas de livre de référence (les quatre*

*Evangiles n'avaient même pas encore été écrits). Garder le message de l'Evangile pur et inchangé représentait un défi. La philosophie doctrinale reposait complètement entre les mains des apôtres. Le fait d'être attaqué n'était donc pas un simple problème personnel pour Paul. C'était une affaire cruciale pour la survie de la congrégation corinthienne en tant qu'authentique église chrétienne.*

## 1. TACTIQUES APOSTOLIQUES (10.1-6)

*Si nous lisons cette section et celles qui suivent sans comprendre le contexte des évènements à Corinthe, nous pourrions croire que Paul est un pleurnichard et un vantard. Mais si nous « lisons entre les lignes », nous découvrons le type d'attaques contre lesquelles Paul se défend.*

Demandez à un élève de lire les versets, puis discutez des questions ensemble :

- *Nous pouvons identifier une des attaques en lisant le verset 1 et le verset 10 de la section suivante. Quelle est la plainte que certains semblent avoir formulé contre l'apôtre ?*

- *Le verset 2 nous donne un indice sur une accusation. Quel est cet indice ? D'après vous que signifie « marcher selon la chair » ?*

- *Les versets 4-6 semblent très forts et empreints de vantardise. D'après vous, qu'est-ce qui pousse Paul à parler ainsi ?*

## 2. LES LIMITES DE LA VANTARDISE (10.7-18)

*Dans cette section, nous continuons à voir le « profil » des personnes à Corinthe qui ont attaqué Paul. Et nous commençons à réaliser que ces personnes ne sont pas toutes des membres de la congrégation de Corinthe. Apparemment, il y avait d'autres personnes, qui étaient venus à Corinthe à partir d'autres villes et qui essayaient d'avoir un rôle autoritaire dans l'Eglise de Corinthe. Ils ont tenté d'établir leur autorité en minimisant celle de Paul.*

Demandez à un élève de lire ces versets, puis répondez ensemble aux questions suivantes :

- D'après vous, quelle attaque a poussé Paul à écrire le verset 7 ?

- Au verset 10, nous trouvons encore les même plaintes que dans le verset 1. Souvenez-vous que quand Paul était à Corinthe pour la première fois, il enseignait l'Evangile et gagnait de nouveaux convertis. Retournez à ce que Paul a dit dans 1 Corinthiens 9.19-23 à propos de ses tactiques pour gagner des convertis. Et que dire de son œuvre qui l'a peut-être fait paraître « timide » (v. 1) ou « faible » (v. 10) ?

- Depuis la première visite de Paul à Corinthe, de nombreux problèmes avaient affectés la congrégation, causés à la fois par des membres et par des personnes extérieures à l'Eglise de Corinthe. Pourquoi cela pourrait-il pousser Paul à adopter un ton différent (»plein de hardiesse », v. 1; « sévère et fort », v. 10) dans ses lettres ?

- En lisant le verset 12, quelle image avez-vous des personnes dont parle Paul ?

- A partir de ce que Paul dit dans les versets 13-16, nous pouvons construire un scénario qui inclut ces autres « autorités » qui se rendent à Corinthe et s'accordent le crédit du travail de Paul dans cette ville. Comment Paul répond-il à ces actions ?

- Le verset 18 nous donne une petite philosophie dont nous devrions tous nous souvenir. Connaissez-vous des personnes qui se vantent de leur spiritualité ou de leurs bonnes actions ? Que dit ce verset à ces personnes ?

## 3. »APÔTRES PAR EXCELLENCE » (11.1-15)

Dans cette section Paul est un peu plus spécifique sur les personnes auxquelles il répond. Nous n'avons pas à « lire entre les lignes » pour identifier leurs actions.

Lisez ces versets puis répondez aux questions ensemble :

- Nous devons toujours garder à l'esprit que Paul est un pionnier de l'évangélisation à Corinthe. Cela fait de lui le « père » spirituel de cette congrégation. Quels types d'espoirs et de craintes de père révèle-t-il dans ces versets 2-3 ?

- Au verset 5, Paul qualifie ses opposants « d'apôtres par excellence ». L'ironie et le sarcasme apparaissent clairement ici. Mais cela nous donne une idée de la manière dont ces personnes se comportaient et de ce qu'elles revendiquaient. Que nous dit le verset 4 sur le message que ces « apôtres par excellence » prêchaient ?

- Au verset 6, nous découvrons que peut-être ces autres leaders étaient des orateurs aguerris et qu'ils se moquaient de Paul parce qu'il ne l'était pas. Nous avons tous vu à la télévision des orateurs doués qui ont un discours très fluides et très impressionnant. Ils sont meilleurs « orateurs » que la plupart des pasteurs qui prennent la parole dans les congrégations locales chaque dimanche. Cela veut-il dire que les prédicateurs de la télévision sont plus érudits ou plus authentiques que les nôtres ?

- Dans 1 Corinthiens 9, Paul a défendu le droit pour un apôtre d'être soutenu par l'Eglise dans laquelle il exerce son ministère. Et pourtant, à la fois dans ce passage et dans celui qui nous concerne, il indique qu'il n'a pas laissé les Corinthiens contribuer à ses dépenses pendant qu'il était là-bas. D'une manière ou d'une autre, les « apôtres par excellence » utilisaient ce fait contre Paul (vv. 7-9). Comment, d'après vous, ont-ils pu faire cela ?

- Il apparaît clairement que cette autodéfense, que Paul appelle « se glorifier », est inconfortable pour l'apôtre. Alors pourquoi fait-il cela (v. 12) ?

- Dans les versets 13-15, Paul décrit ses opposants comme ils sont réellement : « des ouvriers trompeurs » et des ministres de Satan. Cela vous aide-t-il à comprendre pourquoi Paul est si concerné par leur influence à Corinthe ?

## 4. LES APÔTRES DEVRAIENT RECEVOIR UNE PRIME DE RISQUE (11.16-33)

*Dans cette section Paul continue de se « glorifier ». Souvenez-vous qu'il ne s'agit pas simplement d'une affaire d'orgueil personnel pour Paul. C'est une affaire qui affecte le destin même de l'église de Corinthe.*

Lisez ces versets puis répondez aux questions ensemble :

- *Dans les versets 18-20, Paul dépeint une image très peu flatteuse des faux apôtres qui tentaient de s'approprier l'église de Corinthe. Comment ces personnes traitaient-elles les croyants de Corinthe ?*

- *Au verset 22, nous avons un autre indice sur l'identité de ces faux apôtres. Il s'agissait apparemment de Juifs qui utilisaient leur héritage hébreu pour paraître plus autoritaires. La plus grande controverse dans l'Eglise du premier siècle, qui a menacé de diviser et même de détruire l'Eglise, était de savoir si les païens convertis au christianisme devaient également se convertir au judaïsme. Lisez Actes 15.1-35. Comment le sérieux de cette controverse éclaire-t-il la préoccupation de Paul dans ces chapitres ?*

- *En commençant par le verset 23, Paul a recours à une liste des épreuves et des atrocités qu'il a endurées dans l'exercice de son ministère en tant qu'apôtre. Lisez cette liste attentivement, en laissant votre esprit créer une image de chaque chose mentionnée par Paul. Souvenez-vous que Paul ne fait pas cela pour s'attirer la sympathie. Il défend sa position en tant qu'autorité authentique sur l'église de Corinthe. Comment cette liste d'adversités soutient-elle ses arguments ?*

- Lisez 2 Corinthiens 1.3-11 ; 4.7-12 ; et 6.4-10 à la classe. *En quoi ces passages diffèrent-ils de celui du chapitre 11 ?*

Divisez la classe en groupes. Si le temps est court, attribuez à chaque groupe un passage (2 Corinthiens 1.3-11 ; 4.7-12 ; et 6.4-10) – sinon, demandez à chaque groupe de regarder les trois passages – et demandez-leur de répondre à la question suivante :

- *Quels sont les sentiments et les attitudes de Paul concernant les difficultés qu'il a affrontées et que pouvons-nous apprendre ?*

Après leur avoir accordé du temps pour consulter les passages, demandez-leur de partager ce qu'ils ont trouvé. Après leur partage, organisez et résumez ce qu'ils ont dit en utilisant les directives suivantes :

1. Tout le monde connaît des épreuves, même ceux qui font la volonté de Dieu. (Cette idée n'est énoncée spécifiquement dans aucun des passages mais peut en être déduite.)

2. Dieu nous apporte du réconfort au milieu de nos épreuves (1.3-6).

3. Un des résultats positifs des troubles est que nous apprenons à faire confiance à Dieu (1.9).

4. Les difficultés ne doivent pas nous accabler (4.8-9).

5. Malgré les difficultés, nous devons rester purs, honnêtes, etc. (6.6-7).

# EXAMINEZ LA PAROLE

## Un jeune en difficulté

Cette activité concerne une lettre d'un jeune imaginaire du nom de Léo. La famille de Léo fait face à une crise, que Léo ne voit qu'à partir de son propre point de vue. Demandez à l'avance à l'un de vos élèves de se préparer à lire cette lettre au groupe.

## Un jeune en difficulté

Imaginez que vous avez un bon ami chrétien, du nom de Léo qui habite dans une autre ville. Un jour, dans le courrier ou par email, vous recevez cette lettre de sa part :

Cette semaine a été la pire de ma vie. Tu te souviens, dans ma dernière lettre, je te disais que je pensais qu'il se passait quelque chose de bizarre entre ma mère et mon père? J'ai vraiment cru qu'ils allaient divorcer ou quelque chose du genre. Eh bien, ce n'est pas si grave – mais presque.

Dimanche dernier, mon père a convoqué une « réunion de famille ». Nous savions tous qu'il se passait quelque chose d'important, parce qu'il ne fait jamais ça. Eh bien, il a annoncé que sa compagnie l'envoyait en Arabie Saoudite pour un an. Toute une année ! Je n'en croyais pas mes oreilles. Ensuite, il a annoncé une nouvelle encore pire. Ma mère, mes deux soeurs et moi, nous allons vivre avec mes grands-parents pendant l'absence de papa. Ils vivent dans cette petite ville au milieu de nulle part. C'est un bon endroit à visiter, mais qui voudrait vivre là-bas ! Et dire que ce sera mon année de Terminale ! Au lieu de passer mon diplôme ici, là où sont tous mes amis, je le passerai dans une petite école dont personne n'a entendu parler. Imagine l'effet que ça va faire dans toutes les universités où j'ai prévu d'envoyer ma candidature.

Dés la fin de notre petite réunion, j'ai appelé ma petite amie et je l'ai informé. Elle a éclaté en sanglots au téléphone. Je me sentais terriblement mal.

Je sais que j'avais de bonnes chances de diriger la comédie musicale de l'année prochaine et je prévoyais de m'inscrire dans l'équipe de football. Maintenant, tout est fichu ! Et l'église dans la ville de mes grands-parents n'est vraiment par intéressante. Il y a deux jeunes là-bas et ce sont tous les deux des losers.

Je n'aime pas dire ça, mais j'aurais même préféré que ce soit un divorce. Au moins, on serait restés dans la même ville.

Tout ça me déprime complètement. J'ai supplié mes parents de me laisser ici. J'aurais pu habiter avec Marco, mon copain qui habite à côté de chez nous. Mais ils ont refusé catégoriquement. Je dois aller avec ma mère et être « l'homme de la famille ». C'est n'importe quoi !

J'en veux tellement à mon père d'avoir accepté cette mission. Il dit qu'il n'a pas le choix, mais je sais qu'il pouvait refuser s'il le voulait. J'ai pensé à m'enfuir. J'ai même pensé à me suicider. Je préférerai mourir plutôt que de vivre avec mes grands-parents pendant un an.

Je ne sais pas quoi faire. Je pense qu'il n'y a rien que je puisse faire. Et je ne pense pas que tu aies une idée.

Après avoir lu cette lettre, demandez à vos élèves d'écrire une lettre à Léo et de répondre à sa détresse à la lumière de ce qu'ils ont appris dans cette leçon. Après avoir écrit leurs lettres, demandez à plusieurs volontaires de lire ce qu'ils ont écrit.

# VIVEZ LA PAROLE

## Perplexe, mais pas désespéré

Retournez à votre liste des pires choses qui vous sont arrivées, établie dans la première activité, et choisissez l'évènement qui vous cause le plus de problème. (Ou, si un autre problème vous vient à l'esprit, utilisez-le.) En vous basant sur ce que vous avez appris dans cette leçon, que pouvez-vous faire pour que le problème soit plus supportable et pour qu'il ne mine pas votre vie spirituelle ?

Demandez aux élèves s'ils veulent bien partager leur problème et ce qu'ils ont décidé de faire pour le rendre plus supportable. Terminez la session en priant pour que vos élèves apprennent à faire confiance à Dieu et non à eux-mêmes pendant les périodes de difficultés. Priez aussi pour chaque jeune qui a partagé ses problèmes.

## VERSET CLÉ

*« Et il m'a dit : Ma grâce te suffit, car ma puissance s'accomplit dans la faiblesse. Je me glorifierai donc bien plus volontiers de mes faiblesse, afin que la puissance de Christ repose sur moi. » (2 Corinthiens 12.9).*

## OBJECTIFS DE LA LEÇON

Aider les élèves à :

1. comprendre que tout le monde a des handicaps ou des faiblesses.

2. désirer surmonter leurs handicaps avec l'aide de Dieu.

3. confier leurs handicaps à Dieu.

# LEÇON 13

# Transformer les handicaps en capacités

## PERSPECTIVE

Tous les psychologues vous diront que la plupart des jeunes souffrent d'une faible estime d'eux-mêmes. Presque tous les jeunes pensent qu'ils ne sont pas intéressants, pas intelligents, ou impopulaires. Beaucoup de sentent handicapés par des évènements qui ont eu lieu dans leur passé, par leur contexte familial, par des caractéristiques physiques ou mentales, ou par des défauts de leur personnalité. Bien entendu, beaucoup souffrent de handicaps reconnus, y compris des handicaps physiques, des problèmes émotionnels, ou des troubles d'apprentissage. L'impact d'un handicap se mesure à l'effet qu'il produit sur la personne.

Les jeunes doivent reconnaître que tout le monde souffre d'un handicap. Pourtant, certaines personnes ont appris à surmonter de grands handicaps et sont devenues des personnes à succès. Il n'y a pas de plus bel exemple que celui de l'apôtre Paul.

Dans cette leçon, vos jeunes apprendront à partir de l'exemple de Paul à confier leurs handicaps à Dieu et à Le laisser transformer leurs faiblesses en forces.

## CONTEXTE BIBLIQUE

A la fin du chapitre 11, Paul se « glorifiait » pour défendre son apostolat, en listant les difficultés qu'il a endurées pendant ses voyages missionnaires. Au chapitre 12, il continue à se « glorifier » en décrivant ce qui a dû être le point culminant de son voyage spirituel.

Bien que Paul raconte son histoire à la troisième personne, en parlant d'un « homme en Christ » qu'il connaît (v. 2), il est évident qu'il parle de lui-même. Comme il l'a dit plusieurs fois, cet exercice d'autodéfense est difficile pour lui. Il n'a pas l'habitude de se vanter. Pour raconter cet évènement extatique et intime, il ne peut simplement pas se résoudre à utiliser la première personne.

Paul nous donne très peu de détail sur la vision qu'il a eue. Il dit qu'il a entendu : « des paroles ineffables qu'il n'est pas permis à un homme d'exprimer » (v. 4). On se doute que ce qu'il a entendu était particulièrement intime et précieux. Partager de telles choses serait un acte très intime.

Paul passe de ce point spirituel culminant à un point spirituel de moindre importance. L'apôtre révèle qu'il a une « écharde » dans sa chair (v. 7). Paul ne dit pas ce qu'est cette infirmité physique. Peut-être que ses lecteurs le savaient déjà ; peut-être s'agissait-il d'un autre détail trop personnel qu'il ne pouvait révéler. Cet élément a créé beaucoup de spéculation parmi les érudits tout au long des siècles. Presque tous les types de handicaps, de maladies et de difformités imaginables ont été suggérés et défendus à partir de certains indices dans les écrits de Paul. Mais nous ne connaîtrons jamais avec certitude la nature de cette « écharde ».

Certes, nous n'avons pas besoin de connaître la nature exacte de cette maladie pour comprendre le point de vue de Paul. Il nous révèle qu'il a prié trois fois pour que ce handicap lui soit enlevé (v. 8). Cela a dû être décourageant pour un apôtre d'admettre sa « défaite » sur ce plan. Ceci nous rappelle que la prière n'est pas une sorte d'incantation magique qui aboutit à une action immédiate. C'est un moyen de communier (et de communiquer) avec Dieu.

Bien que Dieu n'ait pas donné à Paul ce qu'il demandait, Il a effectivement répondu à sa prière : « Ma grâce te suffit, car ma puissance s'accomplit dans la faiblesse » (v. 9). Cette réponse est quelque peu énigmatique, mais son sens peut être compris. En permettant que Paul reste faible à cause de son défaut physique, Dieu mettait l'apôtre au défi d'apprendre à Lui faire confiance. Il est bien vrai que nous avons tendance à prier moins quand tout va bien ; c'est pendant les périodes difficiles que notre vie de prière devient soudain très active. Peut-être Dieu savait-il que si Paul était guéri de sa maladie, il serait plus autosuffisant et moins dépendant de Dieu.

Il y a aussi dans la faiblesse de Paul, un élément d'identification avec les souffrances de Christ. Au verset 10, il dit : « C'est pourquoi je me plais dans les faiblesses (…) pour Christ ». Il a dit des choses similaires auparavant. Dans 1.5 il dit que : « les souffrances de Christ abondent en nous ». Dans 4.10-11 il écrit : « …portant toujours avec nous dans notre corps la mort de Jésus (…) Car nous qui vivons, nous sommes sans cesse livrés à la mort à cause de Jésus. » Dans le chapitre suivant, Paul dit : « car il a été crucifié à cause de sa faiblesse » (13 :4a). Paul semble ensuite faire une connexion métaphysique entre l'humiliation et les souffrances de Christ et les siennes : « nous sommes faibles en lui, mais nous vivrons avec lui par la puissance de Dieu pour agir envers vous » (v. 4b). Christ est venu comme un serviteur souffrant, non pas comme une puissance militaire. Et pourtant, avec Son humilité et Son abnégation, Il a changé le monde. Notre service envers le monde provient également de notre faiblesse et non pas de notre force.

Dans 12.14 Paul dit aux Corinthiens qu'il prévoit de leur rendre une troisième visite. Il révèle encore une fois son coeur de parent dans les versets 14-15. Bien qu'il leur ait parlé durement, c'était pour leur bien. (Voir aussi 13.10.)

Paul supplie les Corinthiens de s'examiner eux-mêmes avant qu'il n'arrive (13.5). Après leur avoir donné ses derniers avertissements, il termine la lettre avec des mots d'amour.

# ACTIVITÉS DE LA SESSION

## ABORDEZ LA PAROLE

### Inventaire personnel

Commencez la session en demandant aux élèves de regarder la liste suivante qui présente des qualités personnelles. (Ecrivez-les sur un tableau ou sur une grande feuille, ou lisez-les à haute voix.) Ils vont écrire tous les adjectifs qui selon eux les décrivent.

### INVENTAIRE PERSONNEL

Cochez (ou écrivez) tous les adjectifs qui vous décrivent :

| | |
|---|---|
| ___ beau/belle | ___ stupide |
| ___ athlétique | ___ maladroit/e |
| ___ charmant/e | ___ timide |
| ___ gros/grosse | ___ bizarre |
| ___ désorienté/e | ___ bête |
| ___ sûr (e) de soi | ___ peureux/euse |
| ___ talentueux/euse | ___ peu créatif/ive |
| ___ lent/e | ___ désordonné/e |
| ___ faible | ___ attentionné/e |
| | ___ présentable |
| | ___ maigre |
| | ___ court/e |
| | ___ moche |

| | |
|---|---|
| ___ intelligent | ___ lunatique |
| ___ sociable | ___ intrépide |
| ___ déprimé/e | ___ instable |
| ___ populaire | ___ fort/e |
| ___ brillant | ___ créatif/ive |
| ___ mature | ___ doué |
| ___ banal | ___ plein/e d'assurance |
| ___ amical | ___ maladif |
| ___ aimant/e | ___ impopulaire |
| ___ perspicace | ___ craintif/ive |

A la fin de cet exercice, demandez-leur de faire le compte des attributs positifs et négatifs. Faites un rapide calcul dans la classe. Si ce sont des jeunes typiques, ils auront coché plus d'attributs négatifs que d'attributs positifs.

*A présent écrivez sur votre feuille :*

1. *Quelle est, d'après vous, votre plus grande force ?*

2. *Quelle est, d'après vous, votre plus grande faiblesse ?*

Demandez à des volontaires de partager ce qu'ils ont écrit.

## EXPLOREZ LA PAROLE

*Nous approchons maintenant de la fin de notre étude. Dans ces deux derniers chapitres, Paul en finit avec son autodéfense, donne aux Corinthiens quelques derniers avertissements et les assure de son amour.*

### 1. FAIBLE ET FORT (12.1-10)

*Paul continue à se « glorifier » – dans sa défense face aux critiques. Ce faisant, il révèle des détails intimes de sa vie. Ces détails nous montrent un des points culminants et un des points les plus bas de son voyage spirituel.*

Demandez à un élève de lire ces versets à haute voix, puis répondez ensemble aux questions :

- Paul a fini le chapitre 11 en se « glorifiant » des difficultés et des catastrophes qu'il a connues. A présent, il va à l'autre extrême et parle du point culminant de sa vie. Il est vraiment clair que l'apôtre parle de lui-même quand il dit : « Je connais un homme en Christ » (v. 2). Pourquoi, d'après vous, Paul trouve nécessaire de raconter l'histoire dans les versets 2-5 comme si cela était arrivé à quelqu'un d'autre ?

- Pourquoi, d'après vous, Paul donne-t-il si peu de détails à propos de ce qui s'est passé quand il a eu sa vision ?

- Au verset 7, Paul dit qu'il a reçu une « écharde » dans sa chair. Au fil des siècles, beaucoup ont spéculé sur ce que cette écharde pouvait être. Presque toutes les raisons médicales ou difformités ont été suggérées. Pourquoi, d'après vous, Paul ne révèle-t-il pas ce dont il s'agit ?

- Remarquez qu'au verset 8, Paul a prié trois fois pour que son « écharde » lui soit enlevée. Mais le Seigneur ne l'a pas guéri. Si un grand chrétien tel que Paul n'obtient pas ce qu'il a demandé dans sa prière, qu'est-ce que cela nous apprend sur la prière ?

- Bien que Dieu n'ait pas répondu à la prière de Paul de la manière dont ce dernier le voulait, Il a tout de même répondu. Quelle était la réponse de Dieu à la demande de Paul (v. 9) ?

- Quel était le résultat final du fait que Paul continue à souffrir de son « écharde » (v. 9) ?

- Que veut dire Paul quand il dit : « quand je suis faible, c'est alors que je suis fort » (v. 10) ?

## 2. L'APÔTRE VIENT EN VILLE (12.11-21)

Alors que Paul en finit avec son autodéfense, il informe les Corinthiens qu'il prévoit de leur rendre une troisième visite. Il n'est pas sûr, cependant, que sa visite plaira à tout le monde.

Lisez ces versets puis répondez ensemble aux questions :

- Comment les Corinthiens ont-ils contraint Paul à être un « insensé » (v. 11) ?

- Qu'est-ce qui montre que Paul écrit comme un père dans les versets 14-15 ?

- Quelles sont les craintes de Paul à propos de sa prochaine visite à Corinthe (vv. 20-21) ?

## 3. VOICI LES DERNIERS AVERTISSEMENTS (13.1-14)

A la fin de cette longue et difficile lettre, Paul conclut avec quelques dernières mises en gardes adressées aux Corinthiens.

Demandez à un élève, ou plusieurs, de lire ce chapitre à haute voix, puis répondez ensemble aux questions :

- Que veut dire Paul quand il dit que Christ « a été crucifié à cause de sa faiblesse » (v. 4) ?

- En quoi la « faiblesse » de Paul est-elle similaire à celle de Christ ?

- Paul enjoint les Corinthiens à s'examiner eux-mêmes (v. 5). Pourquoi faut-il qu'ils s'examinent eux-mêmes ?

- Paul a parlé plutôt durement aux Corinthiens dans sa lettre. Quelle raison donne-t-il pour cette dureté (v. 10) ?

# EXAMINEZ LA PAROLE

## Transformer les faiblesses en forces

Voici plus bas une liste de plusieurs personnes qui ont connu le succès malgré de sérieux handicaps. (Vous pouvez ajouter des personnes typiques de votre zone/pays.) (Vous pouvez demander à quelques élèves de faire des recherches à l'avance sur ces personnes et de faire un exposé à la classe.) Demandez à plusieurs de vos élèves de lire ces portraits à haute voix. Remarquez particulièrement les deux derniers, Fanny Crosby et Joni Eareckson

Tada. Ces deux chrétiennes ont beaucoup contribué à l'oeuvre de Christ malgré des handicaps sévères.

## TRANSFORMER LES FAIBLESSES EN FORCES

- Jim Abbot a joué dans l'équipe olympique américaine de baseball puis il a été le lanceur des California Angels ; et pourtant, il était né manchot.

- Beethoven est devenu sourd pendant sa carrière, ce qui ne l'a pas empêché de composer quelques unes de ses meilleures oeuvres, y compris sa cinquième et sa neuvième symphonies.

- Nelson Rockefeller a surmonté sa dyslexie pour devenir un homme d'affaire à succès et vice président des Etats-Unis.

- Stephen Hawking, un des plus grands physiciens théoriciens de notre époque (certains considèrent qu'il est le plus brillant physicien depuis Albert Einstein), a la maladie de Charcot (maladie de Lou Gehrig) ; et pourtant il continue à écrire, enseigner, répondre à des invitations, même s'il ne peut pas marcher, se tenir debout, ou se nourrir. Il ne peut pas non plus parler. Il communique à travers un synthétiseur vocal par ordinateur qu'il contrôle avec les doigts de sa main gauche (il a perdu l'usage de sa main droite).

- Thomas Edison, l'inventeur de l'ampoule électrique et du phonographe, était partiellement sourd et souffrait de dyslexie.

- Helen Keller, bien que sourde et aveugle depuis l'enfance, est devenue un auteur de renommée internationale et une oratrice ; elle se bat pour les droits des handicapés.

- Fanny Crosby est devenue aveugle pendant son enfance à cause d'une infection et suite à une erreur médicale commise par un docteur de campagne ; elle a pourtant écrit plusieurs milliers de chants. Elle a dit un jour : « Il y a plusieurs années, j'ai décidé de tirer le meilleur de toute chose. Dans mes moments de tranquillité, je me disais : «Fanny, il y a beaucoup de choses pires que la cécité qui auraient pu t'arriver. En gros, c'est une bonne chose que je sois devenue aveugle. Comment aurais-ju pu vivre une vie si utile si je n'avais pas été aveugle ? Je suis très satisfaite. Je ne laisse jamais rien me perturber et j'attribue ma bonne santé et ma longue vie à ma foi et à ma confiance absolues en la bonté de mon Père céleste.

- Joni Earickson Tada a souffert d'un choc à la moelle épinière dans un accident de plongée alors qu'elle était jeune, qui l'a laissée paralysée du cou jusqu'aux pieds. Elle a quand même appris à peindre en tenant un pinceau entre ses dents. Elle est également devenue un écrivain et conférencière de renommée internationale. Elle a beaucoup voyagé, parlant depuis son fauteuil roulant de sa foi en Dieu.

Après la présentation de ces histoires, demandez à vos élèves de réagir à ce qu'ils ont entendu.

- *Comment ces personnes ont-elles appris à surmonter leurs handicaps?*

- *Dans le cas de Fanny Crosby et de Joni Eareckson Tada, comment ont-elles transformé leurs faiblesses en forces spirituelles?*

## VIVEZ LA PAROLE

### *« Quand je suis faible, c'est alors que je suis fort »*

*Nous avons tous nos handicaps, nos faiblesses, nos traits de caractères qui menacent de nous limiter. Mais ces choses négatives ne doivent pas nous détruire ou nous frustrer et nous empêcher de vivre une vie pleine et véritable. Retournez à votre liste de la première activité : vos plus grandes faiblesses. Je veux que vous pensiez à la manière dont vous pouvez les transformer en force? Dieu n'enlève pas toujours un handicap quand on le Lui demande, mais Il PEUT EFFECTIVEMENT nous donner la capacité de transformer nos faiblesses en forces, quand nous apprenons à Lui confier nos*

*handicaps. Souvenez-vous de 2 Corinthiens 12.9 –*
*« Je me glorifierai donc bien plus volontiers de mes*
*faiblesses, afin que la puissance de Christ repose sur*
*moi. »*

Demandez à ceux qui le désirent de dire comment ils vont laisser Dieu transformer leur faiblesse en force, ou ce qu'ils ont appris de cette leçon.

Terminez la session en priant pour que vos jeunes remettent à Christ leurs faiblesses et lui permettent de les transformer en forces.

# Le Jeu Concours Biblique : Une perspective

## QU'EST-CE QUE LE JEU CONCOURS BIBLIQUE?

Le Jeu Concours Biblique est un programme qui aide les jeunes à étudier et à comprendre les Saintes Ecritures. Environ une fois par mois, des jeunes appartenant à différentes églises se retrouvent en vue d'une communion fraternelle en plus de la compétition. Lors de chaque compétition il ya des questions qui portent sur un livre bien déterminé de la Bible que l'on a fait connaître au préalable. Les équipes constituées entrent en compétition pour répondre correctement à ces questions.

Le thème official de la jeunesse nazaréenne international est tire du passage : «Que personne ne méprise ta jeunesse ; mais soit un exemple pour les fidèles, en parole, en conduite, en amour, en foi et en pureté» Timothée 4 :12. L'objectif du Concours Biblique est d'aider à développer, chez les jeunes, les actes, les attitudes, le style de vie qui sont nécessaire pour être en adéquation avec ce thème. Ce programme se propose d'atteindre cet objectif à travers une démarche qui se divise en ces points suivants :

- Etre un moyen significatif d'**étude Biblique** pour permettre aux jeunes d'acquérir une connaissance intime et approfondie des Saintes Ecritures.

- Etre un moyen de renforcement de la **communion fraternelle et des échanges** entre les jeunes du monde entier.

- Faire partie intégrante de l'**évangélisation**, de la **formation des disciples**, du ministère de l'église locale parmi les jeunes.

- Etre un moyen de **guider et former** le leadership de la jeunesse.

- Etre un catalyseur pour encourager une participation active des jeunes dans le ministère et les projets de la mission.

- Etre un **trait d'union** pour tisser les liens entre jeunes d'horizons divers…

- Etre un lieu où se déroulent des **compétitions** passionnantes entre chrétiens.

Le règlement à lui seul ne peut pas empêcher les attitudes déloyales ou les comportements qui ne font pas fair-play. Cependant, le règlement est nécessaire pour que l'aspect – compétition du Concours Biblique soit clair et cohérent. Il est du devoir de chaque individu impliqué dans le Concours Biblique de veiller à l'intégrité et à l'objectif de ces règlements et directives. Toute tentative d'obtenir un quelconque avantage en se basant sur la tricherie, le manque de considération ou la manipulation, est contre la morale et est préjudiciable à la mission et au but du Concours Biblique. L'envie de gagner ne doit jamais prendre le dessus sur la nécessité d'avoir un comportement exemplaire et semblable à celui du Christ.

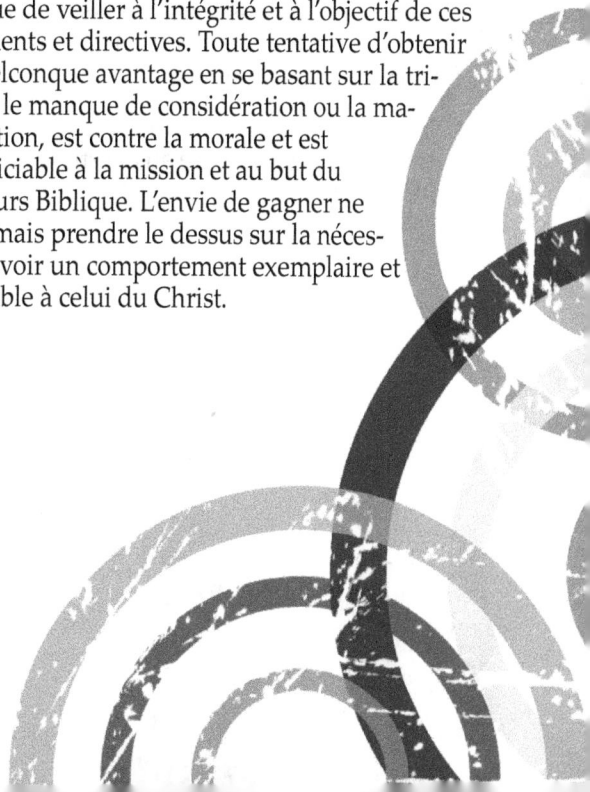

# COMMENT ORGANISER UN MINISTÈRE DE JEU CONCOURS BIBLIQUE

1. Le Concours Biblique a été conçu à l'intention des jeunes de 12 à 25 ans. Vous pouvez, si vous le désirez, répartir les concurrents en deux catégories : les jeunes de 12 à 18 d'un côté et ceux de 19 à 25 ans de l'autre.

2. Le programme débute le 1er janvier de chaque année et se poursuit jusqu'en Novembre ou Décembre. Vous devez décider du nombre de textes qui seront à traiter lors des rencontres hebdomadaires (exemple : un chapitre ou une histoire) et élaborer un calendrier d'études.

3. Au cours de l'année, un tournoi sera organisé chaque mois ou tous les deux mois, de préférence les samedis et dimanches après-midi.

4. Chaque église locale peut se constituer en une ou plusieurs équipes de quatre (4) personnes (ou plus), chacune, qui se rencontrent pour étudier la Bible et s'entraîner pour la compétition.

5. Le lieu : des rotations seront nécessaires afin que chaque église, dans le district puisse organiser les compétitions (tournois).

6. Chaque année un livre tiré du Nouveau Testament servira de base au questionnaire de la compétition.

Le cycle de huit (8) années qui est en vigueur dans le monde se présente comme suit :

a. 2010-2011 - Jean

b. 2011-2012 - Hébreu et 1 & 2 Pierre

c. 2012-2013 - Mathieu

d. 2013-2014 - Romains and Jacques

e. 2014-2015 – Actes

f. 2014-2015 - Galates, Ephésiens, Philippiens, Colossiens, Philémon

g. 2009-2010 - 1 & 2 Corinthiens

Puis le cycle recommence. Actuellement, nous avons des questions qui portent sur ces livres en anglais, en français et en portugais.

7. Dans chaque église, il doit y avoir une adulte qui assume la fonction de président du Concours Biblique et deux à trois autres ou même plus pour aider à former les équipes et à les encadrer lors de la séance hebdomadaire d'étude de la Bible. (Exemple : S'il y a des réunions deux fois par semaine, la première sera consacrée à l'étude Biblique, à la discussion, à la dévotion et à la compréhension du texte du programme. La deuxième rencontre sera, quant à elle, réservée à l'entraînement pour la compétition). Cependant, s'il n'y a qu'une seule réunion dans la semaine, on devra répartir le temps entre l'étude de la Bible et l'entraînement pour la compétition.

8. Le district doit avoir à sa tête un président de Concours Biblique élu ou nommé. Celui-ci sera chargé de planifier et d'établir le calendrier de la compétition ; il coordonnera aussi les différents tournois.

# COMMENT ORGANISER LA RÉUNION HEBDOMADAIRE D'UNE ÉQUIPE D'ETUDE BIBLIQUE

1. Avant que ne débute la réunion, le dirigeant doit lire et étudier le texte qui sera traité lors de la réunion. Prier pour que Dieu vous guide.

2. Le dirigeant doit arriver sur les lieux bien avant l'heure convenue pour se préparer.

3. Le groupe peut initier un jeu qui aide les membres à se familiariser avec le passage de la Bible qui sera étudié.

4. Prier ensemble.

5. Lire le texte à haute voix. Prendre le temps de poser des questions et d'y répondre ; les questions auront trait au passage en question. Aider chacun à comprendre le passage des Ecritures.

6. Laisser dieu parler à travers le message du texte. Partager une histoire ou une expérience personnelle en guise d'illustration.

7. Prendre suffisamment le temps de répondre au plus grand nombre de questions et recueillir les contributions liées à la compréhension du texte.

8. Donner les réponses que les Ecritures apportent dans la vie de l'église et de celle de chaque individu.

9. Terminer par une prière.

10. Encourager les jeunes à étudier le texte de la prochaine rencontre. Le distribuer en précisant l'heure, le lieu et les questions qui suscitent des réflexions.

# COMMENT ORGANISER UNE SÉANCE D'ENTRAINEMENT HEBDOMADAIRE

1. S'entraîner après l'étude Biblique ou dans la semaine.

2. Encourager les jeunes à mémoriser les versets importants en passant du temps à réciter mutuellement les versets mémorisés.

3. Faire un jeu d'apprentissage permettant au groupe de se familiariser avec le texte. (Ex : charades)

4. Poser des questions sur le texte qui est en train d'être traité (voir les exemples).

5. Diviser le groupe et organiser une compétition entre les sous-groupes.

6. Mettre constamment l'accent sur l'apprentissage et la compréhension de la Parole plutôt que sur le fait de gagner ou de perdre.

7. Donner des 'exercices à faire à la maison' pour la prochaine séance d'entraînement.

# COMMENT ORGANISER UN TOURNOI DE JEU CONCOURS BIBLIQUE

Ce qu'il faut faire avant le tournoi

1. Annoncer, clairement, à tous les participants, aux entraîneurs et aux autorités les détails du jeu (la date, le temps et le lieu, ce qu'il faut étudier, etc.).

2. Préparer les questions

    a. Faire une liste de questions ou utiliser des questions déjà préparées

    b. Diviser les questions en groupe de vingt-deux ou vingt-trois (ce qui voudrait dire vingt questions supplémentaires pour les questions de bonus ou les contestations.) Vous aurez besoin d'assez de groupe de questions pour toutes les reprises.

3. Choisir un format pour le jeu (chaque équipe affrontant une autre ; dans le style Round Robin, chaque équipe jouant dans un groupe de quatre à cinq équipes et les gagnants de chaque groupe joueront les uns contre les autres pour le titre de champion, etc.)

4. Trouver des gens pour servir comme président de jeu (il ou elle lit les questions et évalue les réponses) et d'autres personnes pour marquer les points et être les « juges à sauts » (il ou elle marque les points et détermine qui fut la première personne à sauter pour chaque questions. Il ne sera pas nécessaire d'avoir des « juges » si les « sièges électroniques à, saut » sont utilisés.) Si vous avez d'équipes, vous pouvez avoir trois à quatre ou plus de compétitions ayant lieu au même moment dans des salles différentes. Si tel est le cas, vous aurez besoin d'un président de jeu et de quelqu'un qui marque les points pour chaque compétition.

5. Faire des arrangements avec quelqu'un pour qu'il y ait de la nourriture et quelque à boire. Vous pourriez fixer un prix pour le déjeuner ou demander à chacun d'apporter son propre déjeuner.

6. Faire ou acheter des prix

   a. Choisir des prix spéciaux (Bibles, livres, trophées, etc.)

   b. Faire des banderoles ou des rubans (pour les individus ou les équipes)

7. Faire des copies des feuilles de points

8. Faire une liste des annonces pour le début de la compétition

9. Choisir quelqu'un pour diriger un moment bref de méditation avant que le tournoi ne commence.

# CE QU'IL FAUT FAIRE LE JOUR DE TOURNOI

1. Arriver à l'église où le tournoi aura lieu au moins une heure avant le temps afin de préparer le lieu

2. Les éléments à prendre avec vous pour le tournoi

   a. Les feuilles de points

   b. Les groupes de questions (dissimulées de la vue des participants)

   c. Des crayons et des stylos pour les autorités

   d. Les prix

   e. Un poste radio et des cassettes de musique (si possible)

3. Organiser le cadre du jeu

   a. Une table et des chaises pour les autorités du jeu. (un ensemble pareil pour chaque salle de compétition)

   b. Deux bancs et huit chaises pour les concurrents.

   c. Les sièges pour le jeu

   d. Des microphones (si possible) – l'un pour le président pour le président du jeu et l'autre pour les concurrents

   e. Un poste et des cassettes de musique

   f. Les prix

4. Commencer le jeu par la méditation et les annonces

5. Après le jeu

   a. Faire le total des points et classer les concurrents selon leur nombre de points

   b. Donner les prix

   c. Prier

6. Nettoyer l'église.

# Règles du Jeu Concours Biblique dans l'Eglise du Nazaréen

Les actes et attitudes de ceux qui sont impliqués (les membres d'équipes, les entraîneurs, les responsables en charge de la compétition, etc.) doivent refléter les buts et objectifs du programme de la JNI. La poursuite du succès le but d'exhiber une attitude à l'image de Christ.

## METHODES DE COMPETITION

Avant toute compétition, le président doit choisir la méthode du jeu (les chaises électroniques à saut ou les juges à saut) pour toutes les équipes. Les méthodes qui seront utilisées devront être clairement indiquées aux arbitres, entraîneurs, et aux capitaines des équipes avant de commencer la compétition.

## L'EQUIPE

1. L'équipe se compose de quatre concurrents ou plus qui fréquentent régulièrement l'église du Nazaréen et sont membres de la JNI locale. Il est possible d'avoir plus de cinq concurrents dans une équipe pendant une compétition mais l'on ne peut inclure que cinq de ces concurrents dans l'équipe à chaque reprise. Nul ne peut être membre d'une équipe si il ou elle a fait des études dans une université, un institut biblique ou tout autre programme d'éducation au delà de l'enseignement secondaire.

2. L'entraîneur ne peut parler avec ou aider son équipe que pendant les pauses entre les questions.

3. Seuls cinq concurrents par équipe peuvent concourir à la fois. Le cinquième est un substitut.

4. Avant que la compétition ne commence, des membres spécifiques de chaque équipe doivent être désignés par l'entraîneur, l'un en tant que capitaine, et l'autre en tant que co-capitaine.

5. Seul le capitaine peut parler avec le président du jeu après une décision soit pour contester la décision, pour protester ou pour corriger quelque chose.

## LES RESPONSABLES DU JEU CONCOURS BIBLIQUE

A. **Le Directeur du Jeu** – c'est la personne qui organise le tournoi. Ses responsabilités comprennent :

   1. La d'avance préparation du calendrier du tournoi et de l'étude

   2. L'obtention de tous les responsables qu'il faut pour la compétition.

   3. La provision de tout le matériel nécessaire pour la compétition : les chaises, les groupes de questions, les fiches de score, des copies de matériel biblique (en

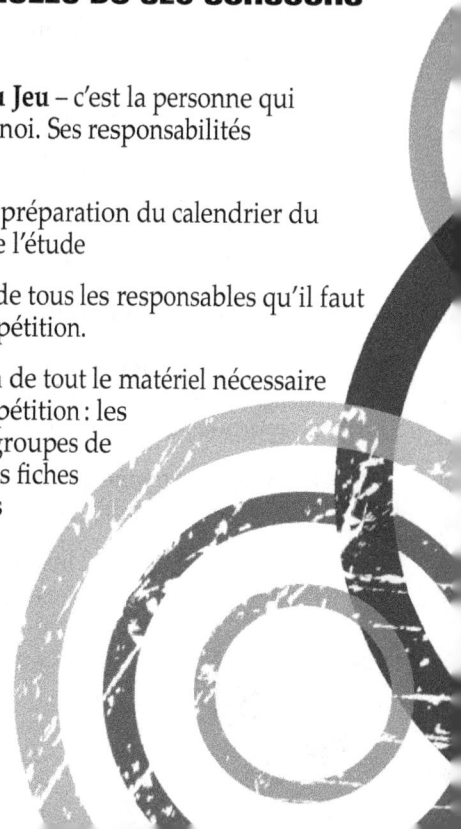

rapport avec le jeu), un chronomètre, des crayons, etc.

4. La préparation d'un nombre suffisant de questions pour la compétition.

5. La préparation ou l'achat des prix (cadeaux) pour le jeu : les certificats, les trophées ou autre.

6. La publicité du temps, de la date et du lieu du tournoi dans toutes les églises locales et auprès de toutes les personnes impliquées.

B. **Le Président du Jeu** – c'est la personne qui dirige et contrôle les reprises pendant le tournoi. Ses responsabilités comprennent :

1. Une bonne connaissance des règles de la compétition. Pendant une compétition, l'interprétation du président est l'interprétation finale.

2. L'impartialité et la consistance dans la direction du jeu.

3. La lecture de chaque question pendant une reprise

4. Le fait d'identifier le premier concurrent et lui demander la réponse.

5. L'évaluation de chaque réponse.

6. Le fait de consulter celui qui enregistre le score lorsqu'il évalue les réponses, les contestations ou les réclamations, si cela est nécessaire et souhaité.

7. Relever les erreurs quand il y en a.

C. **Le Pointeur du Jeu** – c'est la personne qui garde le registre officiel des scores pendant les reprises du tournoi. Ses responsabilités comprennent :

1. Avoir une bonne connaissance des règles du jeu concours biblique

2. Inscrire chaque membre des équipes en compétition sur la fiche des scores.

3. Inscrire les points obtenus et /ou perdus par chaque équipe et concurrents individuels.

4. Aviser le président du jeu quand un concurrent :

a. répondu correctement à quatre questions

b. a fait trois erreurs

5. Notifier régulièrement au président du jeu le score en cours

6. Inscrire les résultats finaux des équipes et des individus

7. Jouer le rôle de surveillant du temps.

## LE TOURNOI

1. **La durée du tournoi**

a. Il y a 20 questions dans une reprise

b. S'il y a parité de score après vingt questions, les équipes doivent affronter des questions supplémentaires jusqu'à ce qu'une équipe l'emporte sur l'autre. Une seule question est nécessaire pour mettre fin à l'égalité à moins que personne n'y réponde.

2. **La composition des équipes**

a. L'entraîneur de chaque équipe doit donner les noms des membres de son équipe à celui qui note les points avant que la première question ne soit lue.

b. Le capitaine et le vice capitaine de chaque équipe doivent être désignés avant que la première question ne soit lue.

3. **Les pauses.**

a. Une pause dure une minute et ne peut être demandé qu'entre deux questions.

b. Chaque équipe peut demander au plus deux pause pendant une reprise et seuls le capitaine, l'entraîneur ou l'un des responsables en charge du jeu peuvent demander une pause.

4. **Les remplacements**

   a. L'entraîneur peut changer un membre actif seulement pendant la pause. Le concurrent qui quitte la reprise est un substitut et peut réintégrer la compétition plus tard. Le substitut réintègre automatiquement la compétition quand l'un des concurrent répond à toutes les questions auxquelles il doit répondre ou commettre toutes les fautes/ erreurs qu'il lui est permis de commettre.

   b. Seul un substitut peut prendre la place d'un concurrent – Deux concurrents qui compétissent déjà ne peuvent pas s'échanger les places.

5. **Les questions**

   a. Toutes les questions seront basées sur une même version de la Bible (annoncée au préalable)

   b. Une question adressée à tout le monde ne peut être lue qu'une fois.

   c. Si aucun concurrent ne se lève pour répondre à une question si cinq secondes après qu'elle ait été lue, cette question sera considérée comme close. Le président du jeu doit lire la réponse et continuer le jeu. Aucun point ne sera accordé pour cette question.

   d. A n'importe quel moment, avant de commencer à lire la question la question suivante, le président du jeu peut annuler une question qui contient une information incorrecte ou qui a été mal lue.

   e. Un capitaine peut faire des réclamations au président du jeu s'il y a une information incorrecte dans une question, si la question n'a pas été bien lue, ou si la question ne pouvait être comprise à cause d'une interférence.

6. **Les sièges électroniques**

   a. Les équipements utilisés pour un jeu Concours Biblique sont appelés « sièges à saut ». Les sièges sont branches à une boîte à la table des responsables. Chaque siège fonctionne comme un interrupteur qui montre par une lumière qui s'est lévé le premier.

   b. Quand toutes les lumières sont éteintes (les concurrents sont assis). Le président du jeu peut commencer à lire une question.

   c. Pendant que la question est lue, le premier concurrent à se tenir debout doit y répondre.

   d. Le président du jeu doit observer les lumières pendant qu'il lit les questions.

   e. Dès qu'une lumière s'allume, le président du jeu doit cesser de lire et dire le nom du concurrent dont la lumière est allumée.

   N.B. La plupart des programmes de jeux concours n'auront même pas accès au siège à saut. Dans ce cas ; une équipe de trois « juges à sauts » (celui qui garde les scores peut être membre de cette équipe) déterminera qui a sauté le premier.

7. **Les réponses**

   a. Un concurrent ne peut pas répondre à une question s'il n'a pas été reconnu par nom par le président du jeu.

   b. Le délai de 30 secondes commence à courir immédiatement après que le concurrent ait été reconnu par le président du jeu

   c. Le concurrent doit compléter la question (s'il a interrompu la lecture de la question) et donner la réponse correcte et complète dans la limite des 30 secondes.

   d. Le président du jeu ne peut ni répéter la question ni donner aucune information au concurrent. Le concurrent doit répondre sans aucune aide.

   e. Si la question et la réponse correcte sont données dans la limite correcte de temps sans aucune erreur en information, alors la réponse sera considérée comme correcte.

## LES DECISIONS DU RESPONSABLE DU JEU

Le président du jeu devra juger si les questions sont correctes de la manière suivante :

1. Lorsque le concurrent aura donné toute l'information nécessaire pour la question et pour la réponse et se sera à nouveau assis, le président du jeu jugera si la question est correcte.

2. Le président du jeu ne doit pas interrompre le concurrent. La seule exception, c'est lorsque le concurrent donne assez d'informations incorrectes de sorte à éliminer toute possibilité de donner encore une information correcte. S'il faut plus d'informations, le président ne dira rien jusqu'à ce que le concurrent s'asseye ou que la limite de temps de trente ne soit atteinte.

3. Si le président estime que la réponse est « correcte », les points seront attribués à l'équipe et au concurrent.

4. Si le président de jeu estime que la réponse est « incorrecte », les points seront retranchés du score de l'équipe et/ou du concurrent (si c'est après la question 16), et une question bonus sera lue.

5. Le président du jeu ne jugera pas qu'une question est « incorrecte » à cause d'une erreur de prononciation.

## LES ERREURS ET LES QUESTIONS BONUS

1. Si une réponse incorrecte est donnée, le concurrent qui occupe le siège correspondant dans l'équipe opposée peut répondre à cette question comme un bonus.

2. Le président du jeu doit complètement lire la question avant que le concurrent ne réponde à la question bonus.

3. Le concurrent doit répondre à la question dans un délai de trente secondes.

4. Une bonne réponse à une question bonus donne dix points à l'équipe du concurrent qui a répondu. Des points individuels ne sont pas accordés pour une question bonus

5. Des points ne seront pas retranchés pour des réponses incorrectes à des questions bonus.

## LES REVANDICATIONS ET LES RECLAMATIONS SUR LES DECISIONS DES RESPONSABLES

1. Seul le capitaine actif de l'équipe peut contester ou faire appel des décisions des autorités.

2. Il n'est pas permis au capitaine de contester ou faire appel avant que la question et la question bonus (si nécessaire) aient été posées, répondues et jugées. Toutes les contestations et appels doivent être faits avant le commencement de la question suivante.

3. Il n'est pas permis de communication entre l'entraîneur et le capitaine, entre les concurrents ou les concurrents et les spectateurs.

4. Chaque capitaine ne peut contester une question qu'une seule fois.

5. La contestation

    a. Un capitaine peut contester une décision du président du jeu s'il estime que la décision est incorrecte.

    b. Le capitaine peut demander au président du jeu de lire la question et la réponse correcte avant de contester.

    c. Le capitaine de l'autre équipe peut réfuter la contestation dès qu'elle est achevée.

    d. Après avoir entendu la contestation et la réfutation, le président du jeu jugera de la validité de la contestation.

    e. La contestation sera invalidée si elle contient des informations incorrectes ou si l'argument ne justifie pas la modification de la première décision. Quand une contestation est acceptée et la première décision revue, il y aura un ajustement au niveau des points comme si l'erreur avait eu lieu au commencement.

6. Les appels

   a. Le capitaine peut faire appel au président du jeu pour invalider une réponse due à une lecture incorrect, à une information incorrect dans la question ou à l'interférence audio et visuelle.

   b. Après avoir entendu l'appel, le président du jeu peut consulter celui qui relève les points pour la décision finale

   c. L'appel sera soutenu si l'argument justifie le changement de la première décision.

   d. Si un appel est soutenu, la question pour laquelle il y a eu appel sera invalidée et une autre question sera posée.

   e. La liste officielle des points doit être changée comme si la question contre laquelle il y a eu l'appel n'avait pas été posée. Les points donnés après la première décision seront retranchés et les points retranchés après la première décision seront redonnés.

## LES FAUTES

1. Il y a faute lorsque :

   a. Il ya communication (verbale ou non) après que le président ait posé la question et avant que les points ait été accordés.

   b. Un concurrent commence à répondre à une question avant d'être reconnue par le président du jeu.

2. Une faute peut être considérée comme la faute de toute l'équipe ou la faute des concurrents individuellement. Tout concurrent qui commet trois fautes pendant une reprise doit quitter la reprise. Il faut le remplacer.

## LES POINTS

1. Une réponse correcte à une question vaut vingt points pour l'équipe et le concurrent individuellement.

2. Une réponse correcte à une question bonus vaut dix points pour l'équipe

3. Quatre réponses correctes (hormis les questions bonus) données par tout concurrent valent dix points pour l'équipe et pour le concurrent qui a répondu à ces quatre questions. Ceci est appelé « un hors-concours ». Lorsqu'un concurrent a réalisé le « hors-concours », il ou elle doit quitter le siège du jeu et être remplacé s'il y a un substitut.

4. Lorsque trois concurrents de la même équipe répondent correctement, chacun à au moins une question, il y a un bonus de dix points pour l'équipe.

   a. Le quatrième concurrent qui répond correctement fait gagner dix points à l'équipe.

   b. Le cinquième concurrent qui répond correctement obtient dix points de bonus de plus.

5. A partir de la seizième question, dix points sont retranchés du score l'équipe pour chaque erreur.

6. A la troisième faute d'un concurrent, dix points sont retranchés du score de l'équipe et des points du concurrent lui-même. Ceci est appelé « un hors à la suite d'erreur » et le concurrent ne pourra plus répondre aux questions de cette reprise. Il peut être remplacé.

7. A la cinquième erreur de l'équipe (et pour chaque subséquente), dix points seront retranchés des points de l'équipe.

8. Les points des questions subsidiaires qui viennent après le temps limite du jeu ne font pas partie des points individuels ou des points de l'équipe

# ENTRAÎNEMENT

## DESCRIPTION DES FONCTIONS DE L'ENTRAÎNEUR

1. Planifier et assister aux pratiques

2. Assurer le personnel à la pratique et aux jeux

3. Arranger les voyages aux invitations d'autres districts et encadrer une équipe

4. Planifier et participez à des voyages pour des tournois dans d'autres districts.

5. Entrer en contact avec les concurrents chaque semaine en utilisant les notes (peut-être un email) et les appels téléphoniques

6. Démontrer esprit de sportivité à tous les tournois de Concours Biblique

7. Démontrer et faciliter l'intérêt pour le mot de Dieu

8. Programmez des fêtes de jeux Concours Biblique au moins deux fois pendant l'année.

9. Recruter des nouveaux concurrents et des nouveaux entraîneurs

10. Planifier un jeu concours Biblique de démonstration avec les pasteurs locaux

11. Encadrer les entraîneurs adjoints

12. Organiser et faites des méditations hebdomadaires (pendant la pratique ou peut-être pendant l'Ecole de Dimanche)

13. Note : il y a des méditations hebdomadaires dans le livre jaune qui peuvent être adapté pour un groupe d'Etude de Biblique ou une étude de 13 semaines.

14. Garder les records statistiques des Challenges Bibliques

15. Avoir un budget pour le jeu Concours Biblique si c'est fourni par la JNI locale

16. Commander le matériel

17. Garder un programme organisé de jeu Concours Biblique et tenez les parents des concurrents toujours informés

18. Maintenir les pasteurs des églises locales à jours sur les jeux Challenges Bibliques. Encourager les annonces, assurez-vous que les événements font parties du calendrier de l'église et de la JNI et être en relation avec les pasteurs de façon régulière.

19. Produire un bulletin pour tenir tout le monde informé, particulièrement les parents.

20. Assister aux activités en dehors du jeu concours Biblique et dans lesquelles vos concurrents sont impliqués. Par exemple, un concert d'un groupe musical ou un jeu à l'école

21. Intégrer vous au reste du groupe des jeunes. Être impliqué dans d'autres activités des jeunes et travaillez avec le président de la JNI ou le pasteur des jeunes. Ils se sentiront plus confortables avec toi quand cela se produit.

## LES RESPONSABILITÉS DE L'ENTRAÎNEUR ADJOINT

1. Assister aux pratiques et assister aux activités du jeu - être un responsable du jeu ou la personne qui marque les points.

2. Encadrer pour les invitations du district et les tournois hors du district

3. Appeler les concurrents pendant la semaine pour les encourager à étudier et à voir comment les choses se passent

4. Vérifier la récitation des versets à mémoriser des concurrents pendant la pratique

5. Assumer les responsabilités de l'entraîneur pendant son absence

6. Aider à faire de méditations

7. Aides dans la formation de l'équipe - donner les avis sur comment vont les concurrents et en faire part à l'entraîneur

# COMMENT MOTIVER

Chaque individu a un ordre du jour personnel, la « vraie raison » pour laquelle il ou elle veut être dans l'équipe. Cet ordre du jour personnel est la clé pour motiver chaque personne. Il a été dit que la seule vraie motivation est la motivation personnelle. Si c'est vrai, alors notre responsabilité est d'enlever les barrières qui démotivent un individu. Quelques facteurs qui peuvent limiter la motivation d'un concurrent sont, la crainte de l'échec, ne pas réussir, le manque d'exaltation, le manque de défis et ne pas voir ce qu'ils sont capables de réaliser à travers le jeu Concours Biblique.

Un concurrent peut devenir moins motivé parce qu'il ne se rend pas compte de ce qu'il est capable d'accomplir. Quand un concurrent vie le succès ou bien voit ce qu'ils pourraient accomplir, ils deviennent très passionnés. Notre but devrait être de les aider à avoir de grands rêves ou le désir de faire mieux.

Les concurrents aiment être impliqués dans les choses qui leur fournissent un sens de succès. S'ils ne perçoivent pas qu'ils ont réussis, alors ils les cinq ne fourniront pas le minimum d'effort exigé ou ils pourront même finalement jeter l'éponge. Ils doivent également avoir un sens de sécurité et de sûreté dans le groupe. S'ils ne se sentent pas en sécurité ou accepté, beaucoup de concurrents ne risqueront pas l'échec.

La plus grande chose qui rend le Concours Biblique différent de n'importe quelle autre étude de Biblique est le facteur de concurrence. Ce facteur est également une clé pour motiver la plupart des concurrents. La plupart des gens aiment gagner et iront souvent créer des longueurs pour gagner aussi longtemps qu'il y'a un bon environnement. La plupart des concurrents sont naturellement motivés par la concurrence, mais il leur manque la sûreté de l'échec, et la vision de se pousser.

Voir et savoir qu'il y a plus à réaliser peut être juste le défi requis pour motiver. Aider vos concurrents à voir ce qu'ils peuvent accomplir s'ils travaillent assez durement. Faites les voir des très bonnes équipes, des cérémonies de récompense des bons concurrents. Discutez de ce que cela prendra pour accomplir ce qu'ils ont vu. Cela peut prendre un moment pour les convaincre qu'ils peuvent accomplir la même chose.

Aidez-les à créer des buts personnels et des buts de groupe. Rendez certains débuts facilement réalisables et d'autres qui exigent des grands efforts pour être réalisé. La plupart des concurrents doivent également voir comment ils ont réussis pour qu'ils osent essayer d'accomplir plus. Chacun de nous est normalement son plus dur critique. Saisissez chaque occasion pour mentionner les succès, quelque soit leur petitesse. Regarder partout pour trouver des choses pour complimenter chaque concurrent.

La motivation vraie est interne, mais les facteurs externes peuvent jouer un rôle important dans la motivation. Considérez ces idées en motivant.

Etablissez un bon exemple - votre enthousiasme se transfèrera sur eux

Etablissez des buts appropriés - créez des buts multiples y compris certains qui les défieront

Donner un bon nombre de feedback - Félicitation d'abord, amélioration par la suite

Aidez les concurrents à mesurer le succès par rapport à eux même et non par rapport aux autres

111

Fournissez les primes pour atteindre des buts

Conservez les points et les récompenses personnels

Faire les voyages aux tournois

Donnez aux concurrents l'occasion d'être responsable de jeu concours Biblique quand ils atteignent un certain but comme sortir après avoir répondu à beaucoup de questions ou après avoir étudier une certaine quantité du matériel.

Faire une reconnaissance publique dans l'église

Une autre manière efficace d'aider à motiver est de créer une certaine remise de récompenses annuelle. Sentez vous libres de fabriquer quelques unes spéciales vous même. Assurez-vous que les concurrents savent exactement comment les gagner et essayer de tenir informer sur leur progrès si la récompense est pour telle ou telle.

# Astuces D'Étude

## ASTUCES D'ÉTUDE : MÉMORISATION

### VERSETS À MÉMORISER

Si vos concurrents projettent apprendre tous les versets à mémoriser de cette année, vous voudrez bien prêter une attention particulière à la liste du pré-saut à la fin du livre 1. Le but d'avoir une liste de pré-saut est de leur montrer où l'endroit le plus « sûr » à sauter le plus tôt de chaque verset à mémoriser se trouve, et les aider à apprendre à compléter le verset avec le plus petit nombre de premiers mots possibles. Utilisez ceci pour perfectionner leurs talents de sauter sur des versets à mémoriser.

### MÉTHODE « 15 »

1. Lisez le verset un certains nombre de fois.

2. Demandez qu'ils le disent sans regarder. S'ils sont bloqués, vérifiez le verset, et puis continuez.

3. Quand ils peuvent dire tout le verset sans regarder, ils sont prêts à commencer à apprendre par cœur. (Vous aviez pensé c'était terminé, n'est-ce pas ?)

4. Faites leur dire tout le verset aussi rapidement que possible, cinq fois, sans erreur. S'ils font une erreur, recommencez.

5. Lisez encore le verset pour s'assurer qu'ils le disent bien. Si non, reprendre.

6. Faites leur dire le verset cinq fois de plus sans erreur. Puis cinq fois encore.(ce qui fait 15.) S'ils font une erreur à n'importe quel moment, reprenez avec ce groupe de cinq.

7. Faites le prochain verset de la même manière, puis revenez au premier verset appris par cœur pour vous assurer qu'ils le connaissent encore ?

8. Continuez le processus jusqu'à ce qu'ils aient tout mémorisé.

### ECRIRE LES QUESTIONS

C'est un fait prouvé que plus que vous traitez un sujet, plus vous l'apprenez et mieux vous vous en rappelez. C'est une grande idée de demander à vos concurrents d'écrire leurs propres questions car en étudiant le matériel. Assurez-vous qu'ils ont une solide connaissance du matériel avant qu'ils ne commencent à écrire des questions. Une fois qu'ils le font , ils constateront que la pratique de formuler des questions et des réponses testera vraiment leur connaissance du matériel. Une fois qu'ils apprennent cette méthode, vous trouverez même qu'ils n'ont pas besoin d'écrire réellement les questions et les réponses sur une feuille ; il serait peut-être suffisant de simplement formuler des questions mentalement et de répondre dans leurs pensées. Ces questions écrites pourraient ) être utilisées pendant les séances pratiques et comparées aux questions dans ce livre.

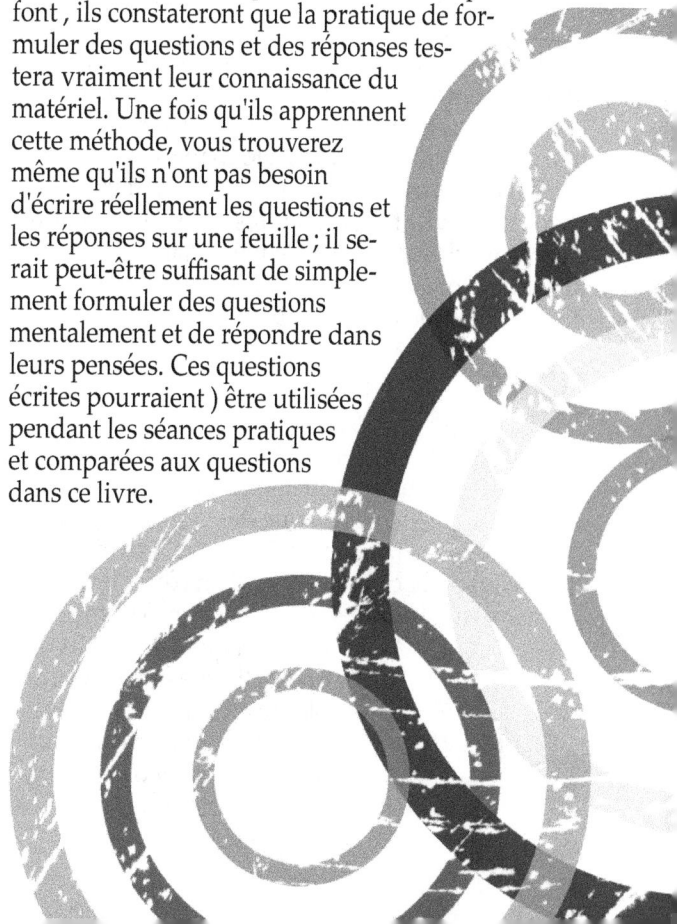

## MÉTHODE DES PHRASES

1. Lisez le verset soigneusement, en assurez-vous qu'ils comprennent sa signification.

2. Brisez le verset en phrase (les signes de ponctuation le font très bien) et dire chaque phrase plusieurs fois, mettant l'accent sur les mots difficile à retenir.

3. Lisez encore tout le verset, en se concentrant sur les parties difficiles.

4. Citez le verset 5 ou 6 fois, ou jusqu'à ce qu'ils puissent le dire facilement sans erreur.

5. Révisez le verset environ 10 fois le même jour qu'ils l'apprennent.

6. Reviser le verset au moins une fois par jour pendant trois ou quatre jours après qu'ils l'aient appris.

## PLAN 3-5-7

Supposez que vous venez juste d'étudier actes 8. Demander maintenant aux concourants de réviser le chapitre qui vient trois chapitres avant ce chapitre-chapitre 5. Ensuite révisez le chapitre qui vient cinq chapitres avant - chapitre 3. Ensuite révisez le chapitre qui vient sept chapitres avant votre chapitre initial - chapitre 1. D'où le nom, Plan 3-5-7. Quand le nombre total des chapitres devient assez élévé, il devra devenir le Plan 3-5-7-9.

## FICHES

Une grande manière d'aider les concurrents à apprendre les versets à mémoriser (ou tout le matériel) est de créer un catalogue des versets qu'ils (ou que vous voulez) veulent mémoriser. Écrivez ou dactylographier chaque verset d'un côté d'une fiche et mettre sa référence sur le dos. Les programmes informatiques ont rendu ceci une tâche quelque peu simple, particulièrement avec la capacité d'acheter le Louis Second pour cet ordinateur. (il est important qu'ils fassent cette étape eux-mêmes (sans se soucier de la méthode) ; essayez de ne pas avoir leurs parents ou vous comme même comme entraîneur pour faire ceci pour eux. Les cartes leurs seront beaucoup plus significatives-et aussi, ils se rappelleront du verset nettement mieux-s'ils prennent le temps de traiter mentalement chaque verset en préparant le catalogue.) Une fois qu'ils ont tous les versets sur des cartes, ils sont maintenant prêts à commencer. Ils voudront probablement mémoriser les versets dans l'ordre qu'ils apparaissent dans la Bible. Demandez leur d'utiliser n'importe laquelle des méthodes de mémorisation déjà mentionnées pour apprendre réellement le verset. Le grand avantage de cette méthode est de pouvoir séparer ces versets avec lesquels ils ont des difficultés d'étudier. Ils seront aussi capable de réviser les versets en regardant la référence ou de réviser la référence en regardant les versets eux mêmes.

# ASTUCES ÉTUDE : COMPRÉHENSION

## MÉTHODE DE SOULIGNEMENT

Demandez aux concourants de lire le chapitre assez de fois qu'ils en connaissent la majeure partie, commençant au début du chapitre et soulignant chaque fait dans le chapitre qu'ils ne sont pas sûrs de pouvoir se rappeler sans étudier davantage.. Ensuite, en commençant par le premier verset, demandez leur d'étudier toutes les expressions soulignées. Pour compléter totalement cette méthode d'étude, demandez leur de continuer à travailler sur toutes ces expressions jusqu'à ce qu'ils connaissent chacune d'elles assez bien pour pouvoir se rappeler des détails dans un concours biblique.

# ASTUCES D'ETUDE : LECTURE

## CD/ MÉTHODE DE CASSETTE/MP3/PODCAST

L'étude devient plus facile quand l'on peut non seulement voir les mots mais aussi bien les entendre. Vous pouvez acheter un enregistrement audio déja fait du livre pour aider vos concurrents à lire et à mémoriser. Vous pourrez considérer faire votre propre enregistrement à l'aide d'un CD vierge enregistrable, (vous aurez besoin d'un ordinateur avec un microphone et un logiciel d'enrégistrement approprié ) ou un enregistreur à cassettes et enregistrer votre propre voix en lisant chaque chapitre pour des raisons l'études.(Rappelez-vous qu'il est illégal de tirer des copies des enregistrements de la Bible déja faits, ou de distribuer ou vendre des copies de votre propre enregistrement de voix des passages de Bibliques sans permission.) Ceci peut prendre assez de temps, mais vous trouvez cela d'une grande valeur à la longue. Rappelez-vous de lire clairement et fort. Vous pourrez vouloir identifier chaque chapitre et/ou verset avec sa référence quand vous arrivez dessus.

Il y a plusieurs manières d'utiliser un enregistrement de ce genre dans votre étude. Voici quelques exemples :

Lecture Directe-Lire le long dans la partie de la Bible ou dans le texte de lecture, ceci dans le cas où ils peuvent écouter soigneusement l'enregistrement tout en lisant. De cette façon, non seulement ils verront les mots à la page, mais ils les entendront aussi bien. Cette combinaison les aidera à se rappeler matériel mieux du matériel. Une variation est d'essayer de réciter le matériel avec l'enregistrement.

La Lecture Pantomime-Mettez en marche le lecteur CD/Radio Cassete/MP3.Pendant que les versets sont lus, pantomime (faites une mise en scène à voix haute) tout qui se produit. Exagérer !Faites des choses amusantes, des choses folles pour faire une mise en scène du texte. S'ils ne sont pas trop conscients d'eux mêmes, faites un premier essaie,

vous serez très étonné de voir qu'à quel point cette méthode les aide à se rappeler du matériel.

## MÉTHODE DE LECTURE DIRECTE

Demandez leur tout simplement de lire tout le chapitre attentivement et pensivement. Plus ils lisent quelque chose, mieux ils la connaîtront. Aussi, faites leur lire les textes parallèles ou les commentaires s'ils ont un certain genre de Bible avec des références. Faites attention d'utiliser seulement Louis Segond pour le travail de mémorisation, d'autres versions peuvent être utiles en essayant de comprendre ce que l'auteur essaye de véhiculer.

## MÉTHODE DE RÉPÉTITION

1. Lisez le verset 1 (du chapitre qu'ils étudient) trois fois.

2. Lisez le verset 2 trois fois, le verset 3 trois fois, le verset 4 trois fois, et le verset 5 trois fois.

3. Lisez maintenant les versets 1 à 5 tous ensemble d'un trait.

4. Lisez les versets 6, 7, 8, 9, 10 trois fois chacun.

5. Lisez maintenant les verset 6 à 10 tous ensemble d'un trait.

6. Maintenant allez retournez au verset 1 et lisez d'un trait jusau'au verset10.

7. Lisez les versets 11 à 15, trois fois chacun ;ensuite lisez les ensemble d'un trait ;ensuite retournez au verset 1 et lisez jusqu'au verset 15.

8. Lisez les versets 16 à 20 trois fois chacun ;puis 16 à 20 une fois tous ensemble ;puis 1 à 20.

9. Continuez à faire ceci jusqu'à ce qu'ils finissent le chapitre.

## LA MÉTHODE DE PARAPHRASER

Vous êtes-vous déjà une fois arrêter et penser sur le fait que si vous écriviez certains des textes Bibliques que vous êtes entrain d'étudier ; ils vous sembleraient beaucoup différent de ce que vous lisez ?

Avant que vous suggériez cette méthode à vos concurrents, ils auront besoin d'environ trois ou quatre bouts de feuilles de cahier. Au dessus de la première page ils devraient écrire le nombre du chapitre qu'ils liront. Demandez qu'ils lisent tout le chapitre à plusieurs reprises. Maintenant, le but est pour qu'ils re-écrivent le chapitre, verset par verset, en leurs propres mots.

Ils peuvent le rendre sérieux ou amusant, créatif ou normal-de la manière dont ils parlent habituellement. Ils devraient paraphraser (expliquer comment accomplir paraphraser) au moins 10 versets d'un chapitre juste pour voir s'ils aiment cette méthode. Ils ne doivent même pas l'employer chaque fois. Ils devraient l'essayer de temps à autre pour avoir de la variété dans leur façon d'étudier.

# ASTUCES D'ÉTUDE : PRÉ-SAUTER

## ÉCRITURE DES QUESTIONS

Afin de mettre vos concurrents au point pour leurs capacités pour le pré-saut, ce n'est pas aussi important pour eux écrivent des centaines de questions comme il l'est pour eux d'apprendre comment écrire des questions. Vous les ferez en réalité passer de la phase d'écrire des questions et des réponses à la phase de simplement les former mentalement. La clé du bon pré-saut n'est pas simplement de gagner le saut, mais d'être capable de compléter correctement la question à partir du point où l'on a sauter. Apprendre à identifier les questions et les réponses dans leur esprit sera un énorme avantage en commençant le pré-saut.

Dans le verset moyen, il y a quatre ou cinq questions possibles de jeu. Quoique plusieurs questions puissent couvrir la même information, la manière dont un concurrent pré-saute sur chaque question est diffé-

rente. Ainsi, il est utile de pouvoir observer un verset et voir les différentes questions qui peuvent en découler. Pour écrire une question, demandez leur de commencer en trouvant la réponse dans le verset et ensuite décider comment poser la question sur ce verset. En commençant par le premier verset, faites les regarder chaque expression, chaque nom, chaque verbe d'action, chaque adjectif, et chaque adverbe, pour voir si l'un de ces mots pourraient être une réponse à une question. Ensuite, demandez qu'ils écrivent la question.

## REPÈRER LE MOT CLÉ

Le Repérage du mot clé est pour aider un concurrent à pouvoir sauter plus rapidement. Il est très difficile d'améliorer leur temps de réaction de saut sans apprendre à repérer les mots clés.

Qu'est-ce qu'un un mot clé ? Le mot clé est le mot qui vient à cet endroit de la question où, pour la première fois, on peut dire ce que le reste de la question est. En d'autres termes, s'ils entendent une question et le responsable du jeu cesse de lire juste avant le mot clé, ils ne sauront pas pour certain ce qu'est le reste de la question. Il peut y avoir seulement quelques possibilités, et ils peuvent intellectuellement (ou par chance !) deviner, mais ils ne pourront pas être certain. Cependant, s'ils devaient entendre un mot de plus-le mot clé-ils sauraient la bonne question sans aucun doute .

Votre travail en tant qu'entraîneur est d'aider les concurrents à apprendre à localiser ce mot clé de sorte qu'ils puissent sauter à cet endroit là. Dans un jeu, cela signifie une prise de décision rapide sous pression. Pour démarrer, cependant, faites-les pratiquer avec quelques questions et permettez qu'ils prennent tout leur temps pour décider quel est le mot clé.

Voici un point important à se rappeler : l e mot clé ne sera pas toujours le même pour tout le monde ! Plus ils connaissent le chapitre mieux, plus ils seront capables de sauter vite. En ce moment le mot clé des questions pourrait être le dernier mot ; mais vers la fin de l'année, le mot clé sur certaines des mêmes questions pourrait probablement être le troisième ou le quatrième mot. Le mot clé change au fur et à mesure que leur connaissance du matériel s'améliore.

## ANTICIPER LE MOT CLÉ

L'anticipation c'est prévoir exactement que le prochain mot de la question sera le mot clé. Pourquoi prévoir, vous demandez ?Si un concurrent peut indiquer que le prochain mot d'une question sera le mot clé, alors il peut sauter dès que le responsable du jeu commence à le prononcer, mais c'est tard si quelqu'un n'a pas le temps ... .Le concurrent peut alors identifier le mot clé en observant la bouche du responsable du jeu comme une indice au reste du mot. Ceci signifie qu'en réalité, ils sauteront avant qu'ils ne sachent ce que sera la question !S'ils peuvent apprendre à anticiper de façon exact, ils gagneront évidemment beaucoup plus de sauts qu'un concurrent qui n'anticipe pas. Rappelez-vous cependant, qu'anticiper c'est prendre un risque précis ;ils voudront bien être sûrs qu'ils connaissent assez bien le matériel avant de prendre le risque de sauter ! Sauter avant est un obstacle important pour la plupart des concurrents à surmontent, mais quand ils le font, ils trouveront le tournoi beaucoup plus facile.

## ENREGISTREMENT DU SAUT

Pour pratiquer leurs sauts et pour améliorer l'anticipation du mot clé, vous pouvez vouloir essayer cette méthode. Pour utiliser cette méthode ils auront besoin des appareils d'enrégistrement d'un ordinateur et d'un graveur CD/DVD/MP3, ou d'un simple magnétophone à cassettes. Pour se préparer à l'étude, enregistrez certaines questions et certaines réponses dans le CD/DVD/MP3 ou la cassette (peut-être leurs parents les aideraient à faire ceci ;ouais, bien !).Mettre en marche le CD/DVD/MP3 ou la cassette et faites les « sauter » (physiquement ou mentalement), et arrêter l'enregistrement au point où ils sautent. Maintenant, demandez leur terminer la question et de donner la bonne réponse. Pour faire une vérification personnelle, rejouer la cassette et écouter alors la bonne question et la bonne réponse. Ils constateront qu'au fure et à mesure que leur connaissance du matériel augmente, leurs capacités de pré-sauter plus tôt s'améliorent également.

# ASTUCES D'ÉTUDE : RÉVISION GÉNÉRALE

Après avoir étudié un quart des chapitres, prenez un temps de repos pour une révision générale de tous les chapitres qu'ils ont couverts. examinez-les dans chacun des secteurs suivants :

1. Demandez leur de lire encore chaque chapitre en entier. S'il y a du temps, ils peuvent même vouloir employer une méthode de répétition (lire le chapitre 1, ensuite lire les chapitres 1 et 2, ensuite les chapitres 1, 2, et 3, etc.)

2. Demandez leur de faire, soit un plan de chaque chapitre, ou une liste des événements qui se trouvent dans chaque chapitre.

3. Demandez leur de réviser toutes les expressions soulignées qu'ils ont pensées ne pas pouvoir se rappeler dans un jeu. Examinez les pour voir qu'à quel point ils se rappellent toujours ces versets. S'ils ont oublié l'une des phrases, passer encore plus du temps en les étudiant.

4. Travailler avec la liste des versets à mémoriser pour le pré-saut , et examinez leur capacité de compléter chaque verset et de donner la référence.

Répéter cette révision générale après avoir fait une moitié, puis les trois-quarts, enfin tous des chapitres. Dans chaque cas, révisez tous les chapitres qu'ils ont couverts.

# ASTUCES D'ÉTUDE : UTILISER UNE CONCORDANCE

Avez-vous déja constaté comment certains concurrent semblent toujours pouvoir sauter bien avant que les votres le fassent? Et comment vous n'avez presque pas encore prononcé un mot et ils peuvent dire exactement de quel verset il s'agit? Il est fort probable que ces concurrents utilisaient une concordance.

Qu'est-ce qu'une concordance ?Une concordance est un type d'index-vous connaissez, ces listes à la fin des livres qui vous indiquent où un certain sujet est mentionné. Une concordance biblique vous dira où et combien de fois n'importe quel mot est employé dans les Saintes Ecritures.(Seriez-vous étonné de savoir que le mot « ? » est employé (?) fois dans toute la Bible ?!)Il y a plusieurs types de concordances :Bible entière, Ancien Testament, Nouveau Testament, et des concordances de chaque livre.

Comment pouvez-vous utiliser une concordance pour aider vos concurrents dans leur étude ?Chaque année, youthquiz.com rend disponibles une concordance des concurrents qui couvre seulement le matériel couvert pendant cette année de jeu. Cette ressource vous indiquera où et combien de fois chaque mot est employé dans ce livre. Il y'a aussi une liste « de mots uniques » qui est d'une importance capitale aux concurrents. Ce sont des mots qui sont employés une seule fois dans le matériel.

Être familiers avec ces mots peut être d'un valeur inestimable aux concurrents. Un concurrent sachant qu'un mot particulier est employé une seule fois dans tout le matériel de toute une année, dirigera plus rapidement vers le bon passage en répondant à une question. Une fois qu'ils ont eu une concordance, trouvez la liste des mots uniques, ou consultez toute la liste de mots et remarquez ceux qui sont employés une seule fois. Demandez-leur de marquer ces mots avec une certaine couleur de marqueur ou peut-être avec un crayon de couleur bleue. Ensuite demandez-leur de prendre leur texte Biblique ou leur Bible et de localiser chacun de ces mots en « bleus ». Maintenant, quand ils lisent et étudient les Saintes Ecritures, ils pourront remarquer quand ils trouvent un mot « bleu ». Beaucoup de concurrents utilisent la même approche avec des mots qui sont employé deux ou trois fois dans tout le matériel, les marquant avec une couleur différente, telle que rouge et vert.

Maintenant, dès qu'ils entendent l'un de ces mots uniques, ils devraient pouvoir l'identifier comme un mot clé, se rappeler de la référence, et y iront rapidement pour poser la question et la réponse mentalement. Vous trouverez que connaître ces mots augmentera considérablement les capacités de pr »-sauter de vos concurrent.(Vous pouvez aussi adapter ce système comme celà leur conviendra).

Quelque soit la façon d'utiliser la concordance que vous décidez pour vos concurrents, soyez sûrs qu'ils ont une bonne compréhension du matériel, aussi bien que des différents mots. La concordance devrait compléter un bon plan d'étude-ne les emmenez pas à compter sur ça pour résoudre tous leurs problèmes d'étude.

Connaître la Bible de cette façon les aidera également dans l'avenir. Cela pourra les aider à retrouver un verset dont ils ont besoin pour parler à quelqu'un qui cherche Dieu. L'Esprit Saint apportera ce verset qu'ils ont appris il y a des années à la mémoire au moment opportun.

# ASTUCES D'ÉTUDE : DE LA VARIÉTÉ DANS VOTRE ÉTUDE

Tout à travers ce livre les concurrents trouveront beaucoup de méthodes d'études différentes pour l'usage aux moments d'études personnelles. Il est fort probable qu'une méthode en elle seule ne soit bonne pour tout le monde. Ce qui fonctionne mieux pour un peut ne pas fonctionner bien pour les co-équipiers. Un autre fait d'égale importance, cependant, est que leur connaissance et leur souvenir du matériel s'amélioreront s'ils changent de méthodes d'étude qu'ils emploient. Faites les utiliser une nouvelle méthode de temps à autre afin qu'ils ne soient pas lassés et frustrés en utilisant la même technique à plusieurs reprises.

# Liste des versets à mémoriser

## 1 CORINTHIENS

| | | | |
|---|---|---|---|
| 1:8 | 4:4-5 | 10:24 | 13:12 |
| 1:9 | 5:6-7 | 10:31 | 13:13 |
| 1:10 | 6:11 | 11:1 | 14:12 |
| 1:18 | 6:14 | 11:23-24 | 14:15 |
| 1:25 | 6:17 | 11:25-26 | 14:19 |
| 1:26-27 | 6:19-20 | 12:4-6 | 15:3-5 |
| 1:30 | 8:2-3 | 12:7 | 15:19-20 |
| 2:2 | 8:6 | 12:12 | 15:21-22 |
| 2:4-5 | 8:9 | 12:27 | 15:33 |
| 2:9 | 9:22-23 | 13:1 | 15:49 |
| 2:12-13 | 9:24 | 13:2 | 15:56-57 |
| 3:7-8 | 9:25 | 13:3 | 15:58 |
| 3:11 | 10:12 | 13:4-5 | 16:13-14 |
| 3:16 | 10:13 | 13:6-7 | |
| 4:2 | 10:16-17 | 13:11 | |

## 2 CORINTHIENS

| | | | |
|---|---|---|---|
| 1:3-4 | 4:5-6 | 6:14 | 10:17-18 |
| 1:20 | 4:7 | 7:1 | 11:13-15 |
| 1:21-22 | 4:16-18 | 7:10 | 12:9 |
| 2:14-15 | 5:1 | 8:7 | 12:10 |
| 3:3 | 5:10 | 8:9 | 13:4 |
| 3:6 | 5:14-15 | 8:14-15 | 13:8 |
| 3:17-18 | 5:17 | 9:6-7 | 13:11 |
| 4:2 | 5:20 | 9:8 | |
| 4:4 | 5:21 | 10:5 | |

# Questions

## 1 CORINTHIENS CHAPITRE 1

Q. *A quelle fonction Paul est-il appelé selon la volonté de Dieu?*

    R. *A devenir un des apôtres de Jésus Christ (1 Cor. 1 :1)*

Q. Selon 1 Corinthiens chap. 1 v2 Qui est notre Seigneur?

    R. *Jésus Christ (1 Cor. 1 :2)*

Q. En qui la grâce de Dieu t'est-elle donnée?

    R. *En Christ Jésus (1 Cor. 1 :4)*

Q. En qui avez-vous été comblés de toutes les richesses?

    R. *En Dieu (1 Cor. 1 :5)*

Q. Parmi lesquels notre témoignage de Christ a-t-il été établi?

    R. *Les Corinthiens (1 Cor. 1 :6)*

Q. A quoi vous attendez-vous?

    R. *A la manifestation de notre Seigneur Jésus Christ (1 Cor. 1 :7)*

Q. Qui vous affermira jusqu'à la fin?

    R. *Dieu (1 Cor. 1 :8)*

Q. Selon 1 Cor. 1 :9 comment est Dieu?

    R. *Il est fidèle (1 Cor. 1 :9)*

Q. En quoi devez-vous être parfaitement unis?

    R. *Dans un même esprit et un même sentiment (1 Cor. 1 :10)*

Q. Qui a informé Paul au sujet des disputes parmi eux?

R. Certains des gens de Chloë (1 Cor. 1 :11)

    Q. *Qui est Céphas?*

    R. *Pierre (1 Cor. 1 :12)*

Q. Qui rend grâces à Dieu qu'il n'ait baptisé aucun d'entre eux sauf Crispus et Gaïus?

    R. *Paul (1 Cor. 1 :14)*

Q. Au nom de qui personne ne peut dire qu'il ait été baptisé?

    R. *Au nom de Paul (1 Cor. 1 :15)*

Q. Quelle famille Paul a-t-il aussi baptisé?

    R. *Celle de Stéphanas (1 Cor. 1 :16)*

Q. Qu'est ce que Christ n'a-t-il pas donné à Paul pour la prédication de la parole?

    R. *La sagesse du langage (1 Cor. 1 :17)*

Q. Qu'est ce qui représente la puissance de Dieu pour nous qui sommes sauvés?

    R. *la prédication de la croix (1 Cor. 1 :18)*

Q. La sagesse de qui Dieu détruira-t-il?

    R. *La sagesse des sages (1 Cor. 1 :19)*

Q. Qui demande des miracles?

    R. *Les Juifs (1 Cor. 1 :22)*

Q. Selon 1 Cor. 1 :23 qui prêchons-nous?

    R. *Christ crucifié (1 Cor. 1 :23)*

Q. Qui a appelé à la fois les Juifs et les Grecs?

R. *Dieu (1 Cor. 1 :25)*

Q. La folie de qui est plus sage que la sagesse des hommes?

R. *De Dieu (1 Cor. 1 :25)*

Q. Quand avez-vous été considérés comme sages selon les principes de l'homme?

R. *Quand vous avez été appelés (1 Cor 1 :26)*

Q. Qu'a choisi Dieu pour confondre les forts?

R. *Les choses faibles du monde (1 Cor. 1 :27)*

Q. Pourquoi Dieu a-t-il choisi les choses les plus viles du monde?

R. *Pour réduire à néant celles qui sont (1 Cor. 1 :28)*

Q. Selon 1 Cor. 1 :31 qu'est ce qui est écrit?

R. *Que celui qui se glorifie se glorifie dans le Seigneur (1 Cor. 1 :31)*

# 1 CORINTHIENS CHAPITRE 2

Q. Qu'est ce que Paul vous a annoncé?

R. *Le témoignage de Dieu (1 Cor. 2 :1)*

Q. Quelle fut la pensée de Paul pendant qu'il était avec vous?

R. *Jésus Christ et Jésus Christ crucifié (1 Cor. 2 :2)*

Q. A qui Paul s'est-il présenté dans un état de faiblesse et de crainte et avec tremblements?

R. *A vous (1 Cor. 2 :3)*

Q. Qu'est ce qui ne se reposaient pas sur les discours persuasifs de la sagesse?

R. *Le message de Paul et sa prédication (1 Cor. 2 :4)*

Q. Qu'est ce qui ne se reposait pas sur les discours persuasifs de la sagesse et qu'est ce qui reposaient sur la démonstration de la puissance de l'Esprit?

R. *Le message de Paul et sa prédication (1 Cor. 2 :4)*

Q. Sur la puissance de qui votre foi doit-elle être fondée?

R. *De dieu (1 Cor. 2 :5)*

Q. Selon 1 Cor. 2 :6, que ne prêchons-nous pas?

R. *La sagesse de ce siècle ni des chefs de ce siècle (qui vont être anéantis) (1 Cor. 2 :6)*

Q. A quoi Dieu avait-il destiné sa sagesse secrète avant le commencement des temps?

R. *Notre gloire (1 Cor. 2 :7)*

Q. Qui a compris la sagesse secrète de Dieu?

R. *Aucun des chefs de ce siècle (1 Cor. 2 :8)*

Q. Qu'est ce qu'aucun homme n'a jamais conçu dans son cœur?

R. *Ce qui Dieu a préparé pour ceux qui l'aiment (1 Cor. 2 :9)*

Q. Selon 1 Cor. 2 :10, par qui Dieu nous a-t-il révélé ces choses?

R. *Par son esprit (1 Cor. 2 :10)*

Q. Que connaît l'Esprit de Dieu?

R. *Les pensées de Dieu (1 Cor. 2 :11)*

Q. Quel esprit n'avons-nous pas reçu?

R. *L'esprit du monde (1 Cor. 2 :12)*

Q. Qu'est ce qui exprime des vérités spirituelles par des mots spirituels?

R. *Les mots qu'enseigne l'Esprit (1 Cor. 2 :13)*

Q. Qu'est ce qui est discerné spirituellement?

R. *Les mots enseignés par l'Esprit (1 Cor. 2 :13)*

Q. Qu'est ce qui est discerné spirituellement?

R. *Les choses qui proviennent de l'esprit de Dieu (1 Cor. 2 :14)*

Q. Qui juge de tout?

R. *L'homme spirituel (1 Cor. 2 :15)*

Q. Selon 1 Cor. 2 :16, la pensée de qui avons-nous?

R. *Celle de Christ (1 Cor. 2 :16)*

# 1 CORINTHIENS CHAPITRE 3

Q. En qui n'êtes-vous que de simples enfants?

R. *En Christ (1 Cor. 3 :1)*

Q. Selon 1 Cor. 3 v2 qu'est ce que Paul vous a donné?

R. *Du lait (1 Cor. 3 :2)*

Q. Dans 1 Cor. 3 Qu'est ce que Paul vous a donné et qu'est ce qu'il ne vous a pas donné?

R. *a) Du lait*

*b) de la nourriture solide (1 Cor. 3 :2)*

Q. Où trouve-t-on de la jalousie et des disputes?

R. *Parmi vous (1 Cor. 3 :3)*

Q. A qui le Seigneur donné une tâche?

R. *A chacun d'entre nous (1 Cor. 3 :5)*

Q. Qui a planté?

R. *Paul (1 Cor. 3 :6)*

Q. Selon 1 Cor. 3 va, qui est quelque chose?

R. *Ni celui qui plante ni celui qui arrose, mais Dieu seul (1 Cor. 3 :7)*

Q. Selon quel critère sera chacun récompensé?

R. *Chacun sera récompensé selon son propre travail (1 Cor. 3 :8)*

Q. Qui sont les coéquipiers de Dieu?

R. *Paul et Apollos (1 Cor. 3 :9)*

Q. Comment Paul a-t-il fait pour poser un fondement comme un sage expert de Dieu?

R. *Selon la grâce que Dieu lui avait donné (1 Cor. 3 :10)*

Q. Pourquoi sera l'œuvre de chacun manifestée?

R. *Car le Jour le fera connaître (1 Cor. 3 : 12-13)*

Q. Qu'est ce qui sera révélé par le feu?

R. *L'œuvre de chacun (1 Cor. 3 :13)*

Q. Qui recevra sa récompense?

R. *Celui dont l'œuvre qui a été bâtie subsiste (1 Cor. 3 :14)*

Q. A quel moment perdra-t-on sa récompense?

R. *Si ce qu'on a bâti a été consumé (1 Cor. 3 :15)*

Q. Selon 1 Cor. 3:16, qui vit en nous?

R. *L'esprit de Dieu (1 Cor. 3 :16)*

Q. Pourquoi Dieu détruira-t-il celui qui détruit son temple?

R. *Car le temple de Dieu est sacré et nous sommes ce Temple (1 Cor. 3 :17)*

Q. Qui est sacré?

R. *Le temple de Dieu? ( 1 Cor. 3 :17)*

Q. Qu'est ce qui est une folie devant Dieu?

R. *La sagesse de ce monde (1 Cor. 3 :19)*

Q. Selon 1 Cor. 3 :20, qu'est ce que Dieu sait?

R. *Que les pensées des sages sont vaines (1 Cor. 3 :20)*

Q. En qui ne devons nous pas mettre notre gloire?

R. *Dans les hommes (1 Cor. 3 :21)*

Q. Selon 1 Cor. 3 :23, A qui Christ appartient-t-il?

R. *A Dieu (1 Cor. 3 :23)*

Q. Selon 1 Cor. 4 :1, de qui sommes-nous les serviteurs?

R. *De CHRIST (1 Cor. 4 :2)*

Q. Par qui importe-t-il peu à Paul d'être jugé?

R. *Par les Corinthiens ou tout tribunal chrétien (1 Cor. 4 :3)*

Q. Qu'est ce qui est très clair dans 1 Cor. 4?

R. *La conscience de Paul (1 Cor. 4 :4)*

Q. Qu'est ce que chacun recevra lors de l'avènement du Seigneur?

R. *Sa louange de Dieu (1 Cor. 4 :5)*

Q. A cause de qui Paul a-t-il appliqué ces choses à lui-même et à Apollos?

R. *A cause des Corinthiens (1 Cor. 4 :6)*

Q. Selon 1 Cor. 4 :8 que possédez-vous déjà?

R. *Tout ce que vous voulez (1 Cor. 4 :8)*

Q. Qui a l'impression que Dieu a fait d'eux les derniers des apôtres?

R. *Paul (1 Cor. 4 :9)*

Q. A qui ont-ils été donnés en spectacle?

R. *Au monde entier (1 Cor. 4 :9)*

Q. Selon 1 Cor. 4 :10 que représentons-nous pour Christ?

R. *Nous sommes des fous pour Christ (1 Cor. 4 :10)*

Q. Qui est ce qui est maltraités?

R. *Nous les apôtres (1 Cor. 4 :10)*

Q. Avec quoi travaillons-nous durement?

R. *Avec nos propres mains (1 12)*

Q. De qui sommes-nous devenus les balayures?

R. *Du monde (1 Cor. 4 :13)*

Q. Qui a écrit cela non pas pour nous faire avoir honte mais pour nous avertir?

R. *Paul (1 Cor. 4 :14)*

Q. Combien de maîtres avez-vous en christ?

R. *Dix mille (1 Cor. 4 :15)*

Q. Selon 1 Cor. 4 :16 qu'est ce que Paul nous conjure à faire?

R. A l'imiter (1 Cor. 4 :16)

Q. Qu'est ce qui est en accord avec ce que Paul enseigne partout et dans toutes les églises?

R. Sa manière de vivre en Jésus christ (1 Cor. 4 :17)

Q. Comment certains parmi vous ont-ils fait pour s'enfler d'orgueil,

R. Comme si Paul ne devait pas aller chez eux (1 Cor. 4 :18)

Q. Quand Paul viendra-t-il vers vous?

R. Très bientôt si c'est la volonté du Seigneur (1 <Cor. 4 :19)

Q. Qu'est ce qui est fait de puissance?

R. Le royaume de Dieu (1 Cor. 4 :20)

# 1 CORINTHIENS CHAPITRE 5

Q. Qu'entend-t-on dire généralement parmi vous?

R. Qu'il y a de l'impudicité (1 Cor. 5 :1)

Q. Selon 1 Cor. 5 :2 que vous est-il arrivés?

R. Vous êtes enflés d'orgueil (1 Cor. 5 :2)

Q. Qui est avec vous en esprit?

R. Paul (1 Cor. 5 :3)

Q. Qu'est-ce qui peut-être sauvé au jour du Seigneur?

R. L'esprit de celui qui a fait ceci (1 Cor. 5 :5)

Q. Selon 1 Cor. 5 :6 qu'est ce qui n'est pas bon?

R. Se glorifier (1 Cor. 5 :6)

Q. Qui est notre Pâques?

R. Christ (1 Cor. 5 :7)

Q. Que ne faut-il pas utiliser pour célébrer la fête?

R. Du vieux levain, un levain de malice et de méchanceté (1 Cor. 5 :8)

Q. Qui vous a écrit dans cette lettre de ne pas avoir des relations avec les impudiques?

R. Paul (1 Cor. 5 :9)

Q. Qu'est ce qui ne regarde pas Paul?

R. Le jugement de ceux qui sont en dehors de l'Eglise (1 Cor. 5 :12)

Q. Qui devrez-vous ôter de parmi vous?

R. Le méchant (1 Cor. 5 :13)

# 1 CORINTHIENS CHAPITRE 6

Q. Et si c'est par nous que le monde est jugé?

R. Etes-vous dignes ou pas de rendre le moindre jugement (1 Cor. 6 :2)

Q. Selon 1 Cor. 6 :4 que devez-vous faire?

R. Prendre pour juges des hommes dont l'église ne fait aucun cas (1 Cor. 6 :4)

Q. A qui Paul parle-t-il en disant qu'ils devraient avoir honte?

R. Aux Corinthiens (1 Cor. 6 :5)

Q. De quoi se sert un frère pour se soulever l'un contre l'autre?

R. De la loi (1 Cor. 6 :6)

Q. Qui ont été déjà complètement vaincus?

R. les Corinthiens (1 Cor. 6 :7)

Q. Qui triche et fait le mal?

   R. *Les Corinthiens eux-mêmes (1 Cor. 6 :8)*

Q. Qu'est ce que les injustes n'hériteront point?

   R. *Le royaume de Dieu (1 Cor. 6 :9)*

Q. Selon 1 Cor. 6 :9 que ne devrez-vous pas être?

   R. *Trompés (1 Cor. 6 :9)*

Q. Selon 1 Cor. 6 :12 pourquoi ne faut-il pas tout suivre?

   R. *Parce que ce n'est pas utile (1 Cor. 6 :12)*

Q. Qui furent justifiés dans le nom du Seigneur Jésus et par l'Esprit de Dieu?

   R. *Les Corinthiens (1 Cor. 6 :11)*

Q. Par quoi Paul ne se laisserait-il pas asservir?

   R. *Par quoi que ce soit (1 Cor. 6 :12)*

Q. A quoi sert le ventre?

   R. *À la nourriture. ( 1 Cor. 6 :13)*

Q. Comment Dieu a-t-il ressuscité notre Seigneur?

   R. *Par sa puissance (1 Cor. 6 : 14)*

Q. Qui sont les membres de Christ?

   R. *Vos Corps (1 Cor. 6 :15)*

Q. Selon 1 Cor. 6 :16 que dit-on?

   R. *Les deux deviendront une seule chair (1 Cor. 6 :16)*

Q. Par quel moyen celui qui est uni dans le Seigneur devient-il un avec lui?

   R. *Par l'Esprit (1 Cor. 6 :17)*

Q. Qu'est ce qui est hors du Corps de l'homme?

   R. *Tous les autres péchés qu'un homme commet (1 Cor. 6 :18)*

Q. Qui a-t-on reçu de Dieu?

   R. *L'Esprit Saint (1 Cor. 6 : 19)*

Q. Comment avez-vous été achetés?

   R. *A un grand prix (1 Cor. 6 :20)*

# 1 CORINTHIENS CHAPITRE 7

Q. Pour qui est-il une bonne chose de ne pas se marier?

   R. *Pour l'homme (1 Cor. 67 :1)*

Q. Qui devrait avoir son propre mari?

   R. *Chaque femme (1 Cor. 7 :2)*

Q. Envers qui la femme doit-elle accomplir son devoir conjugal,

   R. *Envers son mari (1 Cor. 7 :3)*

Q. Qui ne possède pas son propre Corps?

   R. *La femme (1 Cor. 7 :4)*

Q. A quoi faut-il passer son temps?

   R. *A la prière (1 Cor. 7 :5)*

Q. Selon 1 Cor. 7 :6 comment Paul ne donne-t-il pas cet enseignement?

   R. *Comme un ordre (1 Cor. 7 :6)*

Q. Qui a reçu son propre don de Dieu,

   R. *Chaque homme (1 Cor. 7 :7)*

Q. A quel moment ceux qui ne sont pas mariés et les veufs devront-ils se marier?

   R. *S'ils manquent de continence (1 Cor. 7 :9)*

Q. Qui ordonne cela à ceux qui sont mariés?

R. *Pas Paul mais le Seigneur (1 Cor. 7 :10)*

Q. Et si une femme se sépare de son mari?

R. *Elle doit rester sans se marier sinon se réconcilier avec son mari (1 Cor. 7 :11)*

Q. Qui ne doit pas divorcer d'un homme qui n'est pas croyant et qui consent de vivre avec elle?

R. *Une femme (1 Cor. 7 :13)*

Q. Autrement si elle fait cela comment ses enfants seront-ils considérés?

R. *Comme impurs (1 Cor. 7 :14)*

Q. Selon 1 Cor. 7 :15 qu'est ce que Dieu a fait?

R. *Il nous a appelé à vivre en paix (1 Cor. 1 :15)*

Q. Qui ordonne cela dans toutes les églises?

R. *Paul (1 Cor. 7 :17)*

Q. Et si un homme était déjà circoncis lors de son appel?

R. *Il ne doit pas se circoncire (1 Cor. 7 :18)*

Q. Qu'est ce qui compte,

R. *Garder les commandement de Dieu (1 Cor. 7 :19)*

Q. Dans quelle situation chacun doit-il rester?

R. *Dans celle dans laquelle il était lorsqu'on l'a trouvé (1 Cor. 7 :20)*

Q. Comment était l'homme qui était libre lorsque Christ l'a appelé et quand il fut appelé l'esclave de Christ?

R. *Semblable à celui qui étant esclave quand il fut appelé par le Seigneur est devenu affranchi (1 Cor. 7 :22)*

Q. Par quel moyen avez-vous été racheté?

R. *Au moyen d'un grand prix (1 Cor. 7 :23)*

Q. Selon 1 Cor. 7 :24 que devrait faire chaque homme?

R. *Rester dans l'état où Dieu l'a trouvé (1 Cor. 7 :24)*

Q. Que ne devrait pas faire celui qui n'est pas marié?

R. *Chercher une femme (1 Cor. 7 :27)*

Q. Et ceux qui ont des femmes, comment devraient-ils vivre dorénavant?

R. *Comme s'ils n'en possédaient pas (1 Cor. 7 :29)*

Q. Et ceux qui pleurent, comment devront-ils vivre dorénavant?

R. *Comme s'ils ne pleuraient pas (1 Cor. 7 :30)*

Q. Qui se soucie de plaire au Seigneur?

R. *Celui qui n'est pas marié (1 Cor. 7 :32)*

Q. Qui se soucie des affaires de ce monde et des moyens de plaire à son épouse?

R. *L'homme marié (1 Cor. 7 :33)*

Q. Selon 1 Cor. 7 :34 qu'est ce qui est divisé?

R. *Les intérêts de l'homme marié (1 Cor. 7 :34)*

Q. Qui contrôle sa propre volonté?

R. *L'homme qui a résolu l'affaire dans son cœur (1 Cor. 7 :37)*

Q. Que fait celui qui épouse une vierge?

R. *Il fait bien (1 Cor. 7 :38)*

Q. Selon Paul qui est plus heureuse si elle demeure telle qu'elle est?

R. *La femme dont le mari meurt (1 Cor. 7 :40)*

## 1 CORINTHIENS CHAPITRE 8

Q. Selon 1 Cor. 8 :1 qu'apprenons-nous?

R. *Que nous avons tous la connaissance (1 Cor. 8 :1)*

Q. Qu'est ce qui enfle et qu'est ce qui édifie?

R. *1) La connaissance*
*2) La charité*

Q. Qui ne connaît pas encore comme il devrait?

R. *L'homme qui croit connaître quelque chose (1 Cor. 8 :2)*

Q. De qui l'homme qui aime Dieu est-il connu?

R. *De Dieu 1 Cor. 8 :3)*

Q. Selon 1 Cor. 8 :4 que savons-nous?

R. *Que dans le monde une idole n'est rien (1 Cor. 8 :4)*

Q. Qu'est ce qui est venu d'un seul Dieu, le Père?

R. *Toutes choses (1 Cor. 8 :6)*

Q. Pourquoi leur conscience est-elle souillée?

R. *Puisqu'elle est faible (1 Cor. 8 :7)*

Q. Qu'est ce qui ne nous rapproche pas de Dieu?

R. *La nourriture (1 Cor. 8 :8)*

Q. Selon 1 Cor. 8 :9 que devrons-nous faire?

R. *Veiller à ce que notre liberté ne devienne une pierre d'achoppement pour les faibles (1 Cor. 8 :9)*

Q. Quand est ce que celui qui a une conscience faible sera-t-il poussé à manger ce qui est sacrifié aux idoles?

R. *S'il te voit toi qui possèdes cette conscience dans le temple des idoles (1 Cor. 8 :10)*

Q. Et le frère qui est faible, par quoi sera-t-il détruit?

R. *Par ta connaissance (1 Cor. 8 :11)*

Q. Quand blesses-tu la conscience faible de ton frère?

R. *Quand tu pèches contre ton frère de cette façon (1 Cor. 8 :12)*

Q. Pourquoi Paul ne mangerait-il plus jamais de viande?

R. *Afin qu'il ne soit pas une pierre d'achoppement pour son frère (1 Cor. 8 :13)*

## 1 CORINTHIENS CHAPITRE 9

Q. En 1 Cor. 9 qui est un apôtre?

R. *Paul (1 Cor. 9 :1)*

Q. Pour qui Paul est-il sûrement apôtre?

R. *Pour les Corinthiens (1 Cor. 9 :2)*

Q. Qui ont le droit d'emmener une épouse croyante avec eux?

R. *Les autres apôtres, les frères du Seigneur et Céphas (1 Cor. 9 :5)*

Q. Qu'est ce que nous ne devons pas
museler pendant qu'il moule le grain?

R. *Le bœuf (1 Cor. 9 :9)*

Q. Qui devrait le faire dans l'espérance d'y
avoir part?

R. *Le laboureur (1 Cor. 9 :10)*

Q. Pour quelle cause avons-nous tout
supporté?

R. *Afin de ne pas créer d'obstacle à
l'Evangile (1 Cor. 9 :12)*

Q. Qui est nourri par le Temple?

R. *Celui qui travaille dans le Temple (1 Cor.
9 :13)*

Q. Et ceux qui prêchent l'Evangile, de quoi
devraient-ils vivre?

R. *Ils doivent vivre de l'Evangile (1 Cor.
9 :14)*

Q. Selon 1 Cor. 9 :15, de quoi Paul n'a-t-il
pas usé?

R. *D'aucun de ces droits (1 Cor. 9 :15)*

Q. Qui est dans l'obligation de prêcher?

R. *Paul (1 Cor. 9 :16)*

Q. Et si Paul prêche selon sa bonne volonté?

R. *A ce moment là il aura une récompense
(1 Cor. 9 :17)*

Q. Qu'est ce que Paul doit offrir
gratuitement?

R. *L'Evangile (1 Cor. 9 :18)*

Q. Qui se rend esclave de tous?

R. *Paul (1 Cor. 9 :19)*

Q. Selon 1 Cor. 9 :20 à quoi Paul n'est-il pas
soumis?

R. *A la Loi (1 Cor. 9 :20)*

Q. Envers qui Paul a-t-il agi comme
quelqu'un n'ayant pas la loi?

R. *Ceux qui n'ont pas la loi (1 Cor. 9 :21)*

Q. Pourquoi Paul s'est-il montré faible?

R. *Afin de gagner les faibles (1 Cor. 9 :22)*

Q. Quel moyen Paul devrait-il utiliser pour
en sauver quelques-uns?

R. *Tous les moyens possibles (1 Cor. 9 :22)*

Q. Pourquoi Paul fait-il tout cela à cause de
l'Evangile?

R. *Afin d'en avoir part aux bénédictions
(1 Cor. 9 :23)*

Q. Selon 1 Cor. 9 :24, comment devrez-vous
courir?

R. *Afin de remporter le prix (1 Cor. 9 :24)*

Q. Pourquoi devrons-nous avoir un
entraînement strict?

R. *Afin d'obtenir une couronne
incorruptible (1 Cor. 9 :25)*

Q. Comment Paul ne devrait-il pas courir?

R. *Comme à l'aventure, comme battant l'air
(1 Cor. 9 :26)*

Q. Comment Paul ferait-il pour ne pas être
disqualifié?

R. *Il doit prêcher aux autres (1 Cor. 9 :27)*

## 1 CORINTHIENS CHAPITRE 10

Q. Qui était sous la nuée?

R. *nos pères (1 Cor. 10 :1)*

Q. Qui a mangé de la même nourriture
spirituelle?

R. *Tous nos pères (1 Cor. 10 :3)*

Q. Selon 1 Cor. 10 :4 qui était Christ?

R. *Ce rocher spirituel (1 Cor. 10 :4)*

Q. Où furent éparpillés leurs Corps?

R. *Dans le désert (1 Cor. 10 : 5)*

Q. Qui a eu des mauvais désirs?

R. *La plupart de nos pères (1 Cor. 10 :6)*

Q. Qu'est ce que le peuple s'est levé pour faire?

R. *Pour prendre part aux divertissements païens (1 Cor. 10 :7)*

Q. A quel moment 23000 de nos pères moururent-ils?

R. *En un seul jour (1 Cor. 10 :8)*

Q. Qui fut tué par des serpents?

R. *Quelques-uns de nos pères qui ont voulu tenter le Seigneur (1 Cor. 10 :9)*

Q. Qui tua ceux qui ont murmuré?

R. *Qui ces choses arrivèrent-ils pour servir d'exemple à nos pères (1 Cor. 10 :11)*

Q. Selon 1 Cor. 10 :13, qu'est ce que Dieu ne permet pas?

R. *Que vous soyez tenté au-delà de ce que vous ne pourrez supporter (1 Cor. 10 :13)*

Q. Qui vous trouvera une porte de sortie quand vous serez tentés?

R. *Dieu (1 Cor. 10 :13)*

Q. Qui devrait fuir l'idolâtrie?

R. *Les chers amis de Paul ou les Corinthiens (1 Cor. 10 :14)*

Q. Qui parle à des gens sensés

R. *Paul (1 Cor. 10 :15)*

Q. Question à réponse multiple ; Pourquoi nous qui sommes nombreux nous formons un seul Corps?

R. *a) parce qu'il y a un seul pain*
*b) nous participons tous à un même pain (1 Cor. 10 :17)*

Q. Avec qui Paul ne veut-il pas que vous participiez?

R. *Avec les démons (1 Cor. 10 :20)*

Q. Selon 1 Cor. 10 :23, qu'est ce qui est utile?

R. *Pas tout (1 Cor. 10 :23)*

Q. Qu'est ce que chacun de nous ne devrait pas faire?

R. *Chercher son propre intérêt (1 Cor. 10 :24)*

Q. Selon 1 Cor. 10 :25, que devrez-vous manger?

R. *De tout ce qui se vend au marché (1 Cor. 10 :25)*

Q. Qui devrait manger de tout ce qui se vend au marché sans se poser des questions?

R. *Les Corinthiens (1 Cor. 10 :25)*

Q. Que ne devrez-vous pas manger si quelqu'un vous dit que ceci a été offert en sacrifice?

R. *Ce qui est mis devant vous (1 Cor. 10 :28)*

Q. De quelle conscience Paul parle-t-il?

R. *De celle de l'autre homme (1 Cor. 10 :29)*

Q. Pourquoi Paul est-il blâmé?

R. *A cause de quelque chose dont il rend grâces (1 Cor. 10 :30)*

Q. Nous devons faire tout pour la gloire de qui?

R. *De Dieu (1 Cor. 10 :31)*

Q. Selon 1 Cor. 10 :32, que ne devrez-vous pas G Pourquoi Paul ne cherche-t-il pas son propre bien mais le bien de tous?

R. *Afin que tous soient sauvés (1 Cor. 10 :32)*

# 1 CORINTHIENS CHAPITRE 11

Q. Quel exemple Paul suit-il?

R. *Celui de Christ (1 Cor. 11 :1)*

Q. Selon 1 Cor. 11 :2, qui vous loue?

R. *Paul (1 Cor. 11 :2)*

Q. Question à 3 réponses : Qui est le chef de tout homme, le chef de la femme et le chef de Christ?

R. *a) Christ*
*b)l'homme*
*c) Dieu (1 Cor. 11 :3)*

Q. Que déshonore tout homme qui prie ou qui prophétise la tête couverte?

R. *Son chef (1 Cor. 11 :4)*

Q. Qui est ce qui est comme si elle avait la tête rasée?

R. *Toute femme qui prie ou qui prophétise la tête non voilée (1 Cor. 11 :5)*

Q. Qui devrait couvrir sa tête si c'est une honte pour elle de se raser ou d'avoir les cheveux coupés?

R. *Une femme (1 Cor. 11 :6)*

Q. Pour quoi un homme ne doit-il pas se voiler?

R. *Puisqu'il est l'image et la gloire de Dieu (1 Cor. 11 :7)*

Q. Pour qui la femme fut-elle créée?

R. *Pour l'homme (1 Cor. 11 :9)*

Q. Sue quoi la femme doit-elle avoir la marque de l'autorité?

R. *Sur sa tête (1 Cor. 11 :10)*

Q. D'où vient toute chose?

R. *De Dieu (1 Cor. 11 :12)*

Q. Que devrez-vous juger pour vous-mêmes?

R. *S'il est convenable pour une femme de prier Dieu sans voile (1 Cor. 11 :13)*

Q. Pourquoi les cheveux longs ont-ils été donnés aux femmes?

R. *Cela leur a été donné comme voile (1 Cor. 11 :15)*

Q. Selon 1 Cor. 11 :17, que créent les réunions?

R. *Plus de mal que de bien (1 Cor. 11 :17)*

Q. Quand y a-t-il des divisions parmi vous?

R. *Quand vous vous réunissez en assemblée (1 Cor. 11 :18)*

Q. Parmi lesquels faut-il aussi avoir des différences?

R. *Parmi les Corinthiens (1 Cor. 11 :19)*

Q. Pourquoi est-il que lorsque vous vous assemblez ce n'est pas pour manger le repas du Seigneur?

R. *Car au moment de se mettre à table chacun commence par prendre son propre repas sans attendre les uns sur les autres (1 Cor. 11 :20)*

Q. Qui n'attend pas l'autre?

R. *Chacun des Corinthiens (1 Cor. 11 :21)*

Q. Qu'est ce que le Seigneur Jésus a pris le soir où il fut trahi?

R. *Du pain (1 Cor. 11 :23)*

Q. Selon 1 Cor. 11 :25, qu'a pris le Seigneur Jésus?

R. *La coupe (1 Cor. 11 :25)*

Q. Jusqu'à quand proclamez-vous la mort de Christ?

R. *Jusqu'à ce qu'il revienne (1 Cor. 11 :26)*

Q. Contre quoi celui qui mange le pain et boit la coupe indignement pêche-t-il?

R. *Contre le Corps et le sang du Seigneur (1 Cor. 11 :27)*

Q. Quand un homme devrait-il s'examiner?

R. *Avant de manger le pain et de boire la coupe (1 Cor. 11 :28)*

Q. Qui s'est endormi?

R. *Un certain nombre d'entre vous (1 Cor. 11 :30)*

Q. Et si on se jugeait nous-mêmes?

R. *Nous ne tomberons pas sous la condamnation (1 Cor. 11 :31)*

Q. Selon 1 Cor. 11 :32, par qui serons-nous jugés?

R. *Par le Seigneur (1 Cor. 11 :32)*

Q. Et si quelqu'un a faim?

R. *Il devrait manger chez lui avant (1 Cor. 11 :34)*

# 1 CORINTHIENS CHAPITRE 2

Q. Qui ne veut pas que l'on soit ignorant des dons spirituels?

R. *Paul (1 Cor. 12 :1)*

Q. Selon 1 Cor. 12 :2 que savons-nous?

R. *Que quand on était païen on se laissait entraîner vers les idoles muettes (1 Cor. 12 :2)*

Q. Que ne dit pas celui qui parle par l'Esprit de Dieu?

R. *Que Jésus est anathème (1 Cor. 12 :3)*

Q. Selon 1 Cor. 12 :4, qu'est ce qui se présente sous différents aspects?

R. *Les dons spirituels (1 Cor. 12 :4)*

Q. Qui opère tout en tous?

R. *Le même Dieu (1 Cor. 12 :6)*

Q. Qu'est ce qui est donné à chacun pour le bien de tous?

R. *La manifestation de l'Esprit (1 Cor. 12 :7)*

Q. Par qui une parole de sagesse est-elle donnée?

R. *Par l'Esprit (1 Cor. 12 :8)*

Q. Qu'est ce qui est donné à un autre par le même Esprit?

R. *Le don de guérison (1 Cor. 12 :9)*

Q. A qui est donné le discernement des esprits?

R. *A un autre (1 Cor. 12 :10)*

Q. Selon 1 Cor. 12 :11 comment le donne-t-il à chacun?

R. *Il le distribue comme Il veut (1 Cor. 12 :11)*

Q. Qu'est ce qui forme un seul Corps?

R. *Tous les membres du Corps (1 Cor. 12 :12)*

Q. Qui fut baptisé en un seul Corps?

R. *Nous tous, soit juifs soit grecs, esclaves ou libres (1 Cor. 12 :13)*

Q. De quoi le Corps n'est-il pas formé?

R. *D'un seul membre (1 Cor. 12 :14)*

Q. Qu'est ce que la main n'est pas?

R. *Un pied (1 Cor. 12 :15)*

Q. Et si l'oreille disait et parce que je ne suis pas un œil je n'appartiens pas au Corps?

R. *Ce n'est pas pour cela qu'il cesserait d'être une partie du Corps (1 Cor. 12 :16)*

Q. Et si tout le Corps était oreille?

R. *Où serait l'ouïe? (1 Cor. 12 :17)*

Q. Et si toutes les parties du Corps ne formait qu'une seule?

R. *Où serait le Corps? (1 Cor. 12 :19)*

Q. A qui la tête ne pourrait-elle pas dire 'je n'ai pas besoin de toi'?

R. *Aux pieds (1 Cor. 12 :21)*

Q. Et les parties qui semblent les plus indispensables?

R. *Ils sont les plus faibles (1 Cor. 12 :22)*

Q. Comment traite-t-on les parties les moins honorables du Corps?

R. *Nous les entourons d'un plus grand honneur (1 Cor. 12 :23)*

Q. Qui a combiné tous les membres du Corps?

R. *Dieu (1 Cor. 12 :24)*

Q. Selon 1 Cor. 12 :25, que ne devrons-nous pas trouver?

R. *Des divisions parmi les membres (1 Cor. 12 :25)*

Q. Qui se réjouit si un membre est honoré?

R. *Tous les autres membres (1 Cor. 12 :26)*

Q. Qui fait partie du Corps de Christ?

R. *Chacun des Corinthiens (1 Cor. 12 :27)*

Q. Qui est ce que Dieu a établi troisièmement dans l'Eglise?

R. *Des docteurs (1 Cor. 12 :28)*

Q. Complétez : Sont-ils tous apôtres? Sont-ils...?

R. *...apôtres? Sont-ils tous prophètes? Tous ont-ils le don des miracles? (1Cor. 12 :29)*

# 1 CORINTHIENS CHAPITRE 13

Q. Et si Paul parle dans la langue des hommes et des anges et qu'il n'a pas d'amour?

R. *Il n'est qu'une cymbale qui résonne (1 Cor. 13 :1)*

Q. Quand est ce que Paul n'est rien?

R. *Quand il aura le don de prophétie, la science de tous les mystères et toute la connaissance et s'il a toute la foi jusqu'à transporter des montagnes et qu'il n'a pas d'amour (1 Cor. 13 :2)*

Q. Qui ne gagne rien même s'il donne tout ce qu'il possède aux pauvres et qu'il livrait même son Corps pour être brûlé mais qu'il n'a pas la charité?

R. *Paul (1 Cor. 13 :3)*

Q. Qui est patient?

R. *L'amour (1 Cor. 13 :4)*

Q. Qui ne se vante point?

R. *L'amour (1 Cor. 13 :4)*

Q. Selon 1 Cor. 13 :5 qu'est ce que l'amour n'est pas?

R. *N'est pas incorrect, ne cherche point son intérêt, ne s'irrite point (1 Cor. 13 :5)*

Q. Qu'est ce qui ne cherche point son propre intérêt?

R. *L'amour (1 Cor. 13 :5)*

Q. En quoi l'amour ne prend point plaisir?

R. *Dans le mal (1 Cor. 13 :6)*

Q. Qu'est ce qui protège toujours?

R. *L'amour (1 Cor. 13 :7)*

Q. Qui fait toujours confiance?

R. *L'amour (1 Cor. 13 :7)*

Q. Selon 1 Cor. 13 :8 que fait l'amour?

R. *Ne périt jamais (1 Cor. 13 :8)*

Q. Où prendront fin les prophéties?

R. *Là où il y a des prophéties (1 Cor. 13 :8)*

Q. Question à deux réponses : Que faisons-nous en partie?

R. *a) Nous connaissons en partie*
*b) Nous prophétisons en partie (1 Cor. 13 :9)*

Q. Qu'est ce qui disparaîtra quand la perfection viendra?

R. *L'imperfection (1 Cor. 13 :10)*

Q. Comment Paul raisonnait-il quand il était enfant?

R. *Comme un enfant (1 Cor. 13 :11)*

Q. Selon 1 Cor. 13 :11, qui est devenu un homme?

R. *Paul (1 Cor. 13 :11)*

Q. Qui connaîtra pleinement?

R. *Paul (1 Cor. 13 :12)*

Q. Selon 1 Cor. 13 :12 Comment verrons-nous alors?

R. *Face à face (1 Cor. 13 :12)*

Q. Qu'est ce qui demeure?

R. *Ces trois choses : la foi, l'espérance et l'amour (1 Cor. 13 :13)*

# 1 CORINTHIENS CHAPITRE 14

Q. Que devez-vous désirer ardemment?

R. *Les dons spirituels (1 Cor. 14 :1)*

Q. Celui qui parle en langues, que dit-il?

R. *Des mystères (1 Cor. 14 :2)*

Q. Qui est ce qui celui qui prophétise édifie-t-il, console-t-il et instruit-il?

R. *Les hommes (1 Cor. 14 :3)*

Q. Question à réponse multiple : Qui s'édifie et qui édifie l'Eglise?

R. *1. Celui qui parle en langues.*
*2. Celui qui prophétise (1 Cor. 14 :4)*

Q. A quelle condition celui qui prophétise est-il plus grand que celui qui parle en langues?

R. *S'il interprète (1 Cor. 14 :5)*

Q. Selon 1 Cor. 14 :7 qu'est ce qui fait du bruit?

R. *Les objets inanimés tels que la flûte ou la harpe (1 Cor. 14 :7)*

Q. Qu'y a-t-il sans aucun doute dans le monde?

R. *Toutes sortes de langues (1 Cor. 14 :10)*

Q. Selon 1 Cor. 14 :11 qu'est Paul pour celui qui parle?

R. *Un barbare (1 Cor. 14 :11)*

Q. Pour quoi devez-vous exceller dans les dons qui édifient l'Eglise?

R. *Puisque vous cherchez à posséder les dons spirituels abondamment (1 Cor. 14 :12)*

Q. Qui devrait prier pour avoir le don d'interpréter?

R. *Toute personne qui parle en langues (1 Cor. 14 :14)*

Q. Qui va aussi prier avec son intelligence?

R. *Paul (1 Cor. 14 :15)*

Q. Celui qui se trouve parmi vous que ne comprend-t-il pas?

R. *Ce que vous dites (1 Cor. 14 :16)*

Q. Que rends-tu de façon excellente?

R. *Des grâces (1 Cor. 14 : :17)*

Q. Selon 1 Cor. 14 :18 pourquoi Paul remercie-t-il Dieu?

R. *Qu'il parle en langues plus que nous tous (1 Cor. 14 :18)*

Q. Qu'est ce que Paul préfère parler dans l'Eglise plutôt que dix mille mots en langues?

R. *Cinq paroles avec son intelligence (1 Cor. 14 :19)*

Q. Qui devrait cesser de penser comme des enfants?

R. *Les Corinthiens ou les frères (1 Cor. 14 :20)*

Q. Par qui Dieu parlera-t-il à son peuple?

R. *Par des hommes d'une autre langue (1 Cor. 14 :21)*

Q. Selon 1 Cor. 14 :22, que sont les langues?

R. *Un signe, non pour les croyants mais pour les non croyants (1 Cor. 14 :22)*

Q. Que se passe-t-il si toute l'Eglise réunie parle en langues et il survient quelqu'un qui ne comprend pas ou bien des non croyants?

R. *Ne diront-ils pas que vous êtes fous (1 Cor. 14 :23)*

Q. Et si un non croyant ou quelqu'un qui ne comprend pas entre pendant que tout le monde prophétise?

R. *Il sera convaincu par tous qu'il est pécheur et il sera jugé par tous et tous les secrets de son cœur sont dévoilés (1 Cor. 14 :24-25)*

Q. Selon 1 Cor. 14 :27 que devrait-on faire?

R. *Interpréter (1 Cor. 14 :27)*

Q. A qui celui qui parle devrait-il parler s'il n'a pas d'interprète?

R. *A lui-même ou à Dieu (1 Cor. 14 :28)*

Q. Comment les autres devraient-ils peser ce qui a été dit?

R. *Avec soin (1 Cor. 14 :29)*

Q. Qui devrait s'arrêter si une révélation vient de quelqu'un qui est assis?

R. *Le premier (1 Cor. 14 :30)*

Q. Pourquoi pouvez-vous tous prophétiser à tour de rôle?

R. *Afin que tous soient instruits et encouragés (1 Cor. 14 :31)*

Q. A qui sont les esprits des prophètes soumis?

R. *Aux prophètes (1 Cor. 14 :32)*

Q. Qui n'est pas un Dieu de désordre mais un Dieu de Paix?

R. *Dieu (1 Cor. 14 :33)*

Q. A qui les femmes devraient-elles poser des questions chez elle si elles ont besoin de plus d'explications?

R. *A leurs maris (1 Cor. 14 :35)*

Q. Que devrait-on faire comprendre à celui qui se croit prophète ou inspiré?

R. *Que ce que Paul écrit est un commandement du Seigneur (1 Cor. 14 :37)*

Q. Et qu'arrivera-t-il si celui qui se croit prophète ou inspiré et qui ne voudrait pas écouter?

R. *Il sera lui-même ignoré (1 Cor. 14 :38)*

Q. Qu'est ce qui devrait se passer avec bienséance et avec ordre?

R. *Tout (1 Cor. 14 :40)*

# 1 CORINTHIENS CHAPITRE 15

Q. Selon 1 Cor. 15 :1, qu'est ce que Paul vous a prêché?

R. *Les Evangiles que vous avez reçues, et sur lesquelles vous vous êtes appuyés. (1 Cor. 15 :1)*

Q. A qui Paul a-t-il donné ce qu'il a reçu?

R. *Aux Corinthiens (1 Cor. 15 :3)*

Q. Quand Christ fut-il ressuscité selon les écritures?

R. *Le troisième jour (1 Cor. 15 :4)*

Q. Qui est apparu à Pierre?

R. *Christ (1 Cor. 15 :5)*

Q. Qui est ce qui vit encore?

R. *La plupart des cinq cents frères (1 Cor. 15 :6)*

Q. Selon 1 Cor. 15 :8, qu'est Paul?

R. *Un avorton (1 Cor. 15 :8)*

Q. Qu'est-ce que Paul ne mérite pas d'être appelé?

R. *Un apôtre (1 Cor. 15 :9)*

Q. Quelle grâce était avec Paul?

R. *La grâce de Dieu (1 Cor. 15 :10)*

Q. Que prêchent-ils?

R. *Que ce soit Paul ou que ce soi eux (1 Cor. 15 :11)*

Q. Et s'il n'y a pas de résurrection des morts?

R. *Christ non plus n'est pas ressuscité (1 Cor. 15 :13)*

Q. Quand est ce que nous nous trouvons être des faux témoins de Dieu?

R. *Si Christ n'a pas été ressuscité (1 Cor. 15 :14-15)*

Q. Question à triple réponse : Et si Christ n'est pas ressuscité?

R. *1. Notre foi est vaine.*
*2. Nous sommes toujours dans nos péchés*
*3. Et ceux qui se sont endormis en Christ sont perdus (1 Cor. 15 :17-18)*

Q. Selon 1 Cor. 15 :18, et si Christ n'est pas ressuscité?

R. *Ceux qui se sont endormis en Christ sont perdus (1 Cor. 15 :18)*

Q. Qu'arrivera-t-il à tous ceux qui meurent en Christ?

R. *Ils revivront (1 Cor. 15 :22)*

Q. Qui reviendra avec Christ?

R. *Ceux qui lui appartiennent (1 Cor. 15 :23)*

Q. Quel sera le dernier ennemi à être détruit?

R. *La mort (1 Cor. 15 :26)*

Q. Pourquoi le Fils sera-t-il soumis à celui qui lui a soumis toutes choses?

R. *Afin que Dieu soit tout en tous (1 Cor. 15 :28)*

Q. Selon 1 Cor. 15 :31, que veut dire Paul?

R. *Que chaque jour il est exposé à la mort (1 Cor. 15 :31)*

Q. Qu'est ce qui corrompt les bonnes mœurs?

R. *Les mauvaises compagnies (1 Cor. 15 :33)*

Q. Qui est qui quelques-uns ne connaissent pas?

R. *Dieu (1 Cor. 15 :33)*

Q. Qu'est ce que Dieu donne à un grain selon son bon vouloir?

R. *Un Corps (1 Cor. 15 :37-38)*

Q. Quelle splendeur les Corps célestes ont-ils?

R. *Leur unicité (1 Cor. 15 :40)*

Q. En quoi est ce qu'une étoile diffère-t-elle d'une autre étoile?

R. *Par sa splendeur (1 Cor. 15 :41)*

Q. Selon 1 Cor. 15 :42, qu'est ce qui est périssable?

R. *Le Corps qui est semé (1 Cor. 15 :42)*

Q. Qui est un esprit vivifiant?

R. *Le dernier Adam (1 Cor. 15 :45)*

Q. A quoi sont semblables les terrestres?

R. *A l'homme terrestre (1 Cor. 15 :48)*

Q. Selon 1 Cor. 15 :49, qu'avons-nous porté?

R. *L'image du terrestre (1 Cor. 15 :49)*

Q. Quand serons-nous tous changés?

R. *En un instant, en un clin d'œil au son de la trompette (1 Cor. 15 :52)*

Q. Avec quoi doit se vêtir l'impérissable?

R. *Le Corps Corruptible (1 Cor. 15 :53)*

# 1 CORINTHIENS CHAPITRE 16

Q. Pourquoi chacun devrait mettre à part chez lui ce qu'il pourra?

R. *Afin de ne pas attendre l'arrivée de Paul pour recueillir les dons (1 Cor. 16 :2)*

Q. Où est ce que Paul enverra les hommes éprouvés par vous avec vos dons?

R. *A Jérusalem (1 Cor. 16 :3)*

Q. Et si la chose méritait que Paul aille aussi?

R. *Les hommes que vous approuverez l'accompagneront aussi (1 Cor. 16 :4)*

Q. Qui passera par la Macédoine?

R. *Paul (1 Cor. 16 :5)*

Q. Selon 1 Cor. 16 :6, que fera Paul?

R. *Peut-être restera-t-il un peu ou passera-t-il l'hiver (1 Cor. 16 :6)*

Q. Avec qui Paul espère-t-il passer un peu de temps si dieu le permet?

R. *Les Corinthiens (1 Cor. 16 :7)*

Q. Où Paul restera-t-il jusqu'à la Pentecôte?

R. *A Ephèse (1 Cor. 16 :8)*

Q. Selon 1 Cor. 16 :9, qui s'oppose à Paul?

R. *Beaucoup (1 Cor. 16 :9)*

Q. De quelle façon Timothée poursuit-il l'œuvre du Seigneur?

R. *Comme Paul (1 Cor. 16 :10)*

Q. Comment devrait-on accompagner Timothée?

R. *En paix (1 Cor. 16 :11)*

Q. Selon 1 Cor. 16 :12, qu'est ce qu'était Apollos?

R. *Pas décidé à partir maintenant (1 Cor. 16 :12)*

Q. Que fera Apollos quand il aura l'occasion?

R. *Y aller (1 Cor. 16 :12)*

Q. Question à réponse triple : Selon 1 Cor.16 comment devrez-vous être?

R. *a) sur vos gardes*
*b) des hommes de courage*
*c) forts (1 Cor. 16 :13)*

Q. Qui s'est dévoué au service des saints,

R. *La famille de Stéphanas (1 Cor. 16 :15)*

Q. Qui est ce qui s'est suppléé à votre absence?

R. *Stéphanas, Forunatus, et Achaïcus (1 Cor. 16 :17)*

Q. Que mérite de tels hommes?

R. *Etre apprécié (1 Cor. 16 :18)*

Q. Qu'est ce qui vous accueille chaleureusement dans le Seigneur?

R. *L'Eglise qui se réunit dans la maison d'Aquilas et de Priscille (1 Cor. 16 :19)*

Q. Selon 1 Cor. 16 :20, qui vous envoie des salutations?

R. *Tous les frères (1 Cor. 16 :20)*

Q. Comment devez-vous vous saluer les uns les autres?

R. *Par un saint baiser (1 Cor. 16 :20)*

Q. Comment Paul écrit-il cette salutation?

R. *De sa propre main (1 Cor. 16 :21)*

Q. Et si quelqu'un n'aime pas le Seigneur?

R. *Qu'il soit anathème (1 Cor. 16 :22)*

Q. Pour qui est l'amour de Paul en Jésus Christ?

R. *Pour tous les Corinthiens (1 Cor. 16 :24)*

# 2 CORINTHIENS CHAPITRE 1

Q. A qui est adressé 2 Corinthiens?

R. *A l'église de Dieu qui est à Corinthe et à tous les saints qui sont dans l'Achaïe (2 Cor. 1 :1)*

Q. Que recevez-vous de la part de Dieu notre Père et du Seigneur Jésus Christ?

R. *La grâce et la paix (2 Cor. 1 :2)*

Q. Selon 2 Cor. 1 :3, à qui doit-on louange?

R. *A Dieu notre Père et au Seigneur Jésus Christ (2 Cor. 1 :3)*

Q. Comment pouvons-nous consoler ceux qui sont affligés?

R. *Avec la consolation que nous-mêmes nous avons reçu de la part de Dieu (2 Cor. 1 :4)*

Q. Et si nous sommes dans la détresse?

R. *C'est pour votre consolation et votre salut (2 Cor. 1 :6)*

Q. Pourquoi notre espérance pour vous demeure ferme?

R. *Parce que nous savon que de la même façon que vous partagez nos souffrances, vous avez part aussi à notre consolation (2 Cor. 1 :7)*

Q. Selon 2 Cor. 1 :8, que ne voulons-nous pas que vous soyez?

R. *Laissés ignorants au sujet de la tribulation qui nous est survenue en Asie(2 Cor. 1 :8)*

Q. Qui ne veut pas vous laisser ignorants au sujet de la tribulation qui leur est survenue en Asie?

R. *Paul et Timothée (2 Cor. 1 :8)*

Q. Qu'avons-nous ressenti dans notre cœur?

R. *L'arrêt de mort (2 Cor. 1 :9)*

Q. Sur qui avons-nous fondé notre espoir qu'il continuera à nous délivrer?

R. *Sur Dieu (2 Cor. 1 :10)*

Q. Au nom de qui beaucoup rendront grâces pour la faveur qui leur est accordé en réponse aux prières de plusieurs?

R. *Paul et Timothée (2 Cor. 1 :11)*

Q. Où nous sommes-nous conduits avec sainteté et pureté devant Dieu?

R. *Dans le monde et surtout dans nos relations avec vous (2 Cor. 1 :12)*

Q. Selon 1 Cor. 1 :13 qu'est ce qu'on ne vous écrit pas?

R. *Toute chose que vous ne pouvez lire ou comprendre (2 Cor. 1 :13)*

Q. De qui pouvez-vous vous vanter?

R. *De Paul et de Timothée (2 Cor. 1 :14)*

Q. Qui a décidé de vous rendre visite d'abord?

R. *Paul (2 Cor. 1 :15)*

Q. De qui Paul avait-il besoin pour se faire accompagner en Judée?

R. *Des Corinthiens (2 Cor. 1 :16)*

Q. Qu'est ce qui n'a pas été oui et non?

R. *Son message pour eux (2 Cor. 1 :18)*

Q. Selon 2 Cor. 1 :19, qui est Jésus Christ?

R. *Le Fils de Dieu (2 Cor. 1 :19)*

Q. A la gloire de qui l'amen est-il prononcé par eux?

R. *La gloire de Dieu (2 Cor. 1 :20)*

Q. Qui est ce qui nous fait tenir fermes en Christ?

R. *Dieu (2 Cor. 1 :21)*

Q. Où est ce que Dieu a mis ses arrhes de l'Esprit afin de garantir ce qui est à venir?

R. *Dans nos cœurs (2 Cor. 1 :22)*

Q. Comment Paul appelle-t-il Dieu?

R. *Comme son témoin (2 Cor. 1 :23)*

Q. Pourquoi travaillons-nous avec vous?

R. *Pour votre joie (2 Cor. 1 :24)*

## 2 CORINTHIENS CHAPITRE 2

Q. Qui est ce qui résolut de ne pas retourner chez vous dans la tristesse?

R. *Paul (2 Cor. 2 :1)*

Q. Et si Paul vous attriste?

R. *Qui d'autre que vous pourra me réjouir dans ma tristesse (2 Cor. 2 :2)*

Q. Qui faisait confiance à vous tous?

R. *Paul (2 Cor. 2 :3)*

Q. Selon 2 Cor. 2 :4, avec quoi Paul a-t-il écrit?

R. *Beaucoup de larmes (2 Cor. 2 :4)*

Q. Quand pouvons-nous dire que quelqu'un n'a pas seulement attristé Paul mais aussi vous tous?

R. *Si quelqu'un a été une cause de tristesse (2 Cor. 2 :5)*

Q. Question en deux parties : qu'est ce qui est suffisant et pour qui est-ce suffisant?

R. *a) le châtiment qui lui fut infligé par le plus grand nombre*
*b) quiconque a été une cause de tristesse (2 Cor. 2 :6)*

Q. Qui devrait pardonner et réconforter celui qui a été une cause de tristesse?

R. *Les Corinthiens (2 Cor. 2 :7)*

Q. Selon 2 Cor. 2 :8, qu'est ce que Paul vous encourage à faire?

R. *A faire acte de charité envers lui (2 Cor. 2 :8)*

Q. Pourquoi Paul vous a-t-il écrit?

R. *Pour voir si vous pouvez faire face à l'épreuve et être obéissants en toutes choses (2 Cor. 2 :9)*

Q. Et si vous pardonnez à quelqu'un?

R. *Paul lui pardonne aussi (2 Cor. 2 :10)*

Q. Pourquoi Paul a-t-il pardonné en présence de Christ pour vous?

R. *Afin de ne pas laisser à Satan l'avantage sur nous (2 Cor. 2 :11)*

Q. Où est-ce que Paul a été pour prêcher l'évangile de Christ?

R. *Troas (2 Cor. 2 :12)*

Q. Selon 2 Cor. 2 :13, qu'est ce que Paul n'avait toujours pas?

R. *Point de repos d'esprit (2 Cor. 2 :13)*

Q. Où est ce que Dieu répand par nous l'odeur de sa connaissance?

R. *Partout (2 Cor. 2 :14)*

Q. Que sommes-nous pour Dieu?

R. *La bonne odeur de Christ parmi ceux qui sont sauvés et parmi ceux qui périssent (2 Cor. 2 :15)*

Q. Pour qui sommes-nous une odeur de mort?

R. *Pour ceux qui périssent (2 Cor. 2 :16)*

Q. De quelle façon parlons-nous devant Dieu avec sincérité en Christ?

R. *Comme des hommes envoyés de Dieu (2 Cor. 2 :17)*

## 2 CORINCHIENS CHAPICRE 3

Q. Complétez : Où avons-nous besoin comme… ;

R. *…Quelques-uns, de lettres de recommandation auprès de vous ou de votre part (2 Cor. 3 :1)*

Q. Qui a besoin de lettres de recommandation auprès de vous ou de votre part?

R. *Certains (2 Cor. 3 :1)*

Q. Selon 2 Cor. 3 :2 qu'êtes-vous?

R. *Notre lettre écrite dans nos cœurs et lue de tous les hommes (2 Cor. 3 :2)*

Q. Qui est ce qui montre qu'ils sont une lettre de Christ?

R. *Les Corinthiens (2 Cor. 3 :3)*

Q. Par qui avons-nous cette confiance devant Dieu?

R. *Par Christ (2 Cor. 3 :4)*

Q. Selon 2 Cor. 3 :5, qu'est ce qui vient de Dieu?

R. *Notre capacité (2 Cor. 3 :5)*

Q. Que donne l'Esprit?

R. *La vie (2 Cor. 3 :6)*

Q. Pourquoi les Israélites ne pouvaient-ils pas fixer les regards sur Moïse?

R. *A cause de la gloire de Dieu (2 Cor. 3 :7)*

Q. Et si le ministère de la mort fut glorieux?

R. *Combien le ministère de l'Esprit ne sera-t-il pas plus glorieux (2 Cor. 3 :7-8)*

Q. Qu'est ce qui est beaucoup plus glorieux?

R. *Le ministère de la justice (2 Cor. 3 :9)*

Q. A cause de quoi ce qui a été glorieux ne l'est-il plus?

R. *A cause de cette gloire qui lui fut supérieure (2 Cor. 3 :10)*

Q. Et si ce qui est passager a été glorieux?

R. *Combien ce qui est permanent est beaucoup plus glorieux (2 Cor. 3 :11)*

Q. Selon 2 Cor. 3 :12, qu'avons-nous?

R. *Une telle espérance (2 Cor. 3 :12)*

Q. Pourquoi Moïse mettait-il une voile sur sa figure?

R. *Pour que les fils d'Israël ne fixassent pas les regards sur la fin de ce qui est passager (2 Cor. 3 :13)*

Q. Qu'est ce qui est devenu dur d'entendement?

R. *Leur esprit (2 Cor. 3 :14)*

Q. Qu'est ce qui est lu jusqu'à ce jour?

R. *Moïse (2 Cor. 3 :15)*

Q. Quand est ce que la voile est ôtée?

R. *A chaque fois que quelqu'un se convertit (2 Cor. 3 :16)*

Q. Qu'est ce qui est là lorsque l'Esprit du Seigneur est là?

R. *La liberté (2 Cor. 3 :17)*

Q. Comment reflétons-nous tous la gloire de Dieu?

R. *Avec les figures non voilées (2 Cor. 3 :18)*

# 2 CORINTHIENS CHAPITRE 4

Q. Que recevons-nous selon la miséricorde de Dieu?

R. *Ce ministère (2 Cor. 4 :1)*

Q. A quoi nous recommandons-nous devant Dieu?

R. *A toute conscience d'homme (2 Cor. 4 :2)*

Q. Comment faisons-nous valoir la vérité?

R. *En la publiant clairement (2 Cor. 4 :2)*

Q. Et si notre Evangile est voilé?

R. *Il est voilé pour ceux qui périssent (2 Cor. 4 :3)*

Q. Selon 2 Cor. 4 :4, qui est Christ?

R. *L'image de Dieu (2 Cor. 4 :4)*

Q. Qui prêchons-nous comme Seigneur?

R. *Jésus Christ (2 Cor. 4 :5)*

Q. Où Dieu a-t-il fait briller sa lumière?

R. *Dans nos coeurs (2 Cor. 4 :6)*

Q. Pourquoi gardons-nous ce trésor dans des vases d'argile?

R. *Pour montrer que cette grande puissance vient de Dieu et pas de nous (2 Cor. 4 :7)*

Q. Comment sommes-nous pressés?

R. *De chaque côté (2 Cor. 4 :8)*

Q. Dans 2 Cor. 4, nous sommes persécutés mais jamais quoi?

R. *Abandonnés (2 Cor. 4 :9)*

Q. En quoi la vie de Jésus peut-elle être révélée?

R. *Dans notre Corps (2 Cor. 4 :10)*

Q. A cause de qui nous qui sommes encore vivants sommes-nous livrés à la mort?

R. *A cause de Jésus Christ (2 Cor. 4 :11)*

Q. En qui la vie agit-elle?

R. *Les Corinthiens (2 Cor. 4 :12)*

Q. Selon 2 Cor. 4 :13, qu'est ce qui est écrit?

R. *J'ai cru c'est pourquoi j'ai parlé (2 Cor. 4 :13)*

Q. Où est ce que celui qui a ressuscité jésus des morts nous fera-t-il paraître?

R. *Dans la présence de Jésus (2 Cor. 4 :14)*

Q. Qu'est ce qui peut faire des actions de grâce déborder à la gloire de Dieu?

R. *Cette grâce qui atteint de plus en plus de personnes (2 Cor. 4 :15)*

Q. Selon 2 Cor. 4 :16, que ne perdons-nous pas?

R. *Courage (2 Cor. 4 :16)*

Q. Qu'est ce que la gloire éternelle peut dépasser?

R. *Nos légères afflictions du moment (2 Cor. 4 :17)*

Q. Que fixons-nous sur les choses invisibles?

R. *Nos yeux (2 Cor. 4 :18)*

# 2 CORINTHIENS CHAPITRE 5

Q. Qu'arrive-t-il si cette tente où nous habitons sur la terre est détruite?

R. *Nous avons dans le ciel un édifice qui est l'ouvrage de Dieu, une demeure éternelle qui n'a pas été faite de main d'homme (2 Cor. 4 :1)*

Q. Selon 2 Cor. 5 :2 que faisons-nous pendant ce temps?

R. *Nous gémissons désirant revêtir notre domicile céleste (2 Cor. 5 :2)*

Q. Si nous sommes vêtus, comment ne serons-nous pas?

R. *Nus (2 Cor. 5 :3)*

Q. Qu'est ce qui peut être englouti par la vie?

R. *Ce qui est mortel (2 Cor. 5 :4)*

Q. Qui nous a créés dans ce but précis?

R. *Dieu (2 Cor. 5 :5)*

Q. Quand sommes-nous loin du Seigneur?

R. *Aussi longtemps que nous demeurons dans ce Corps (2 Cor. 5 :6)*

Q. Avec qui préférons-nous demeurer?

R. *Avec le Seigneur (2 Cor. 5 :8)*

Q. Quel est notre but?

R. *D'être agréables au Seigneur soit que nous demeurions dans ce Corps soit que nous le quittions (2 Cor. 5 :9)*

Q. Qui recevra selon le bien ou le mal qu'il aurait fait étant dans son Corps?

R. *Chacun de nous (2 Cor. 5 :10)*

Q. Pourquoi essayons-nous de persuader les hommes?

R. *Connaissant donc la crainte du Seigneur (2 Cor. 5 :11)*

Q. Qu'est ce que nous vous donnons l'occasion de faire?

R. *Vous glorifier à notre sujet (2 Cor. 5 :12)*

Q. Selon 2 Cor. 5 :13, quand est ce que c'est fait pour Dieu?

R. *Si nous sommes hors de sens (2 Cor. 5 :13)*

Q. Qu'est ce qui nous presse?

R. *L'amour du christ (2 Cor. 5 :14)*

Q. Question à double réponse : Pour qui ceux qui vivent ne doivent-ils plus vivre et pour qui devraient-ils vivre,

R. *a) Pour eux-mêmes
b) Celui qui est mort pour eux et qui fut ressuscité (2 Cor. 5 :15)*

Q. Comment ne nous connaissons-nous plus?

R. *Selon la chair (2 Cor. 5 :16)*

Q. Selon 2 Cor. 5 :17, qu'est ce qui est passé?

R. *Les choses anciennes (2 Cor. 5 :17)*

Q. Qui nous a réconcilié à Lui par Christ et nous a donné le ministère de la réconciliation?

R. *Dieu 2 Cor. 5 :18)*

Q. Selon 2 Cor. 5 :19 qu'est ce que Dieu a mis en nous?

R. *Le message de la réconciliation (2 Cor. 5 :19)*

Q. Qu'est ce que Dieu n'imputait point aux hommes?

R. *Leurs péchés (2 Cor. 5 :19)*

Q. Qu'est ce que nous vous supplions au nom de Christ?

R. *D'être réconciliés à Dieu (2 Cor. 5 :20)*

Q. Qui est ce qui a fait celui qui n'a point connu le péché devenir péché pour nous?

R. *Dieu (2 Cor. 5 :21)*

## 2 CORINTHIENS CHAPITRE 6

Q. Selon 2 Cor. 6 :1 qu'est ce que nous vous exhortons à faire?

R. *A ne pas recevoir la grâce de dieu en vain (2 Cor. 5 :1)*

Q. Qui a dit : Au temps favorable je t'ai exaucé, au jour du salut je t'ai secouru?

R. *Dieu (2 Cor. 6 :2)*

Q. Que ne semons-nous pas sur le chemin les uns des autres?

R. *Des sujets de scandale en quoi que ce soit (2 Cor. 5 :3)*

Q. Comment nous rendons-nous recommandables à tous égards?

R. *En tant que serviteurs de Dieu (2 Cor. 6 :4)*

Q. En 2 Cor. 6, avec quoi nous recommandons-nous?

R. *Avec des armes de justice dans la main droite et dans la gauche (2 Cor. 6 :7)*

Q. Selon 2 Cor. 6 :8 comment sommes-nous regardés?

R. *Comme des imposteurs (2 Cor. 6 :8)*

Q. Selon 2 Cor. 6 :9 comment sommes-nous regardés?

R. *Comme inconnus (2 Cor. 6 :9)*

Q. Selon 2 Cor. 6 :10, que possédons-nous?

R. *Tout (2 Cor. 6 :10)*

Q. Qu'est ce qui s'est élargi pour vous?

R. *Nos cœurs (2 Cor. 6 :11)*

Q. Qu'est ce que nous ne vous cachons pas?

R. *Notre affection (2 Cor. 6 :12)*

Q. Pourquoi devez-vous élargir vos cœurs aussi?

R. *Pour nous rendre la pareille (2 Cor. 6 :13)*

Q. Qui ne doit pas se mettre sous un joug étranger?

R. *Les Corinthiens (2 Cor. 6 :14)*

Q. Qui vivra avec eux et marchera parmi eux?

R. *Dieu (2 Cor. 6 :16)*

Q. Que ne devez-vous pas toucher?

R. *Les choses impures (2 Cor. 6 :17)*

Q. Que dit le Dieu Tout Puisant?

R. *Je serai pour vous un père et vous serez pour moi des fils et des filles (2 Cor. 6 :18)*

## 2 CORINTHIENS CHAPITRE 7

Q. De quoi devons nous nous purifier?

R. *De tout ce qui souille le Corps et l'esprit (2 Cor. 7 :1)*

Q. Question à réponse triple : En 2 Cor. 7 que n'avons-nous fait à personne ?

R. a) du tort
b) Corrompu
c) exploité (2 Cor. 7 :2)

Q. Selon 2 Cor. 7 :3, pourquoi Paul ne dit-il pas cela ?

R. *Pour vous condamner (2 Cor. 7 :3)*

Q. En quoi Paul est-il comblé ?

R. *Au milieu de toutes nos tribulations (2 Cor. 7 :4)*

Q. Quand nous sommes arrivés à la Macédoine qu'est ce que nos Corps ne connaissaient pas ?

R. *Le repos (2 Cor. 7 :5)*

Q. Qui nous a raconté votre ardent désir, vos larmes, votre zèle pour moi en sorte que ma joie a été d'autant plus grande ?

R. *Tite (2 Cor. 7 :7)*

Q. Et si Paul vous a peiné par sa lettre ?

R. *Il ne le regrette pas (2 Cor. 7 :8)*

Q. Pourquoi peut-on dire qu'on ne vous a fait aucun mal ?

R. *Car vous avez été attristés selon Dieu (2 Cor. 7 :9)*

Q. Qu'est ce qui amène la mort ?

R. *La tristesse du monde (2 Cor. 7 :10)*

Q. Qu'est-ce qui ne laisse aucun regret ?

R. *La repentance (2 Cor. 7 :10)*

Q. Quand vous êtes-vous prouvés innocents quant à ce sujet ?

R. *En tout moment (2 Cor. 7 :11)*

Q. Que pouviez-vous constater pour vous-mêmes devant dieu ?

R. *Combien vous nous êtes dévoués (2 Cor. 7 :12)*

Q. Pourquoi étions-nous encore plus heureux de voir la joie de Tite ?

R. *A cause de nos encouragements (2 Cor. 7 :13)*

Q. Selon 2 Cor. 7 :14 qu'est ce qui était vrai ?

R. *Tout ce que nous vous avons raconté (2 Cor. 7 :14)*

Q. Quand est ce que l'affection de Tite pour vous devient-elle encore plus grande ?

R. *Quand il se souvient de votre obéissance, à le recevoir avec crainte et tremblement (2 Cor. 7 :15)*

Q. Selon 2 Cor. 7 :16, pourquoi Paul est-il content ?

R. *Car il peut avoir une confiance totale en vous (2 Cor. 7 :16)*

# 2 CORINTHIENS CHAPITRE 8

Q. Selon 2 Cor. 8 :1, que voulons nous vous faire connaître ?

R. *La grâce de Dieu qui s'est manifestée dans les églises de la Macédoine (2 Cor. 8 :1)*

Q. Au milieu de quoi leur joie débordante et leur pauvreté profonde ont produit avec abondance de riches libéralités ?

R. *Au milieu de beaucoup de tribulations (2 Cor. 8 :2)*

Q. Au-delà de quoi les églises macédoniennes ont-elles donné ?

R. *Au-delà de leurs moyens (2 Cor. 8 :3)*

Q. Qui nous a demandé avec insistance la grâce de prendre part à l'assistance destinée aux saints?

R. *Les églises macédoniennes (2 Cor. 8 :4)*

Q. Comment les églises macédoniennes se sont-elles données d'abord eux-mêmes puis à nous?

R. *Par la volonté de Dieu (2 Cor. 8 :5)*

Q. Qui avons-nous engagé à achever chez vous cette œuvre de bienfaisance?

R. *A Tite (2 Cor. 8 :6)*

Q. Comment devez-vous exceller dans cette grâce qui consiste à donner?

R. *De même que vous excellez en toutes choses (2 Cor. 8 :7)*

Q. Selon 2 Cor. 8:8, qu'est ce que Paul veut éprouver?

R. *La sincérité de votre charité (2 Cor. 8 :8)*

Q. Comment pourriez-vous devenir par sa pauvreté?

R. *Enrichis (2 Cor. 8 :9)*

Q. Selon 2 Cor. 8 :10 qu'étiez-vous l'année dernière?

R. *A être non seulement ceux qui furent les premiers à donner mais aussi qui ont éprouvé l'envie. (2 Cor. 8 :10)*

Q. Quel est le conseil de Paul?

R. *Que les Corinthiens achèvent leur œuvre de donner (2 Cor. 8 :10-11)*

Q. Selon quoi est ce que votre empressement à vouloir doit répondre à son accomplissement?

R. *Selon vos moyens (2 Cor. 8 :12)*

Q. Quand est ce que le don est agréable selon ce qu'on possède?

R. *S'il y a de la bonne volonté (2 Cor. 8 :12)*

Q. Qui ne pourrait pas être soulagé si vous êtes exposés à la détresse?

R. *Les autres (2 Cor. 8 :13)*

Q. Qu'est ce qui pourvoira à leurs besoins dans l'immédiat?

R. *Votre superflu (2 Cor. 8 :14)*

Q. Qu'est ce que celui qui a rassemblé beaucoup n'avait pas?

R. *De trop (2 Cor. 8 :15)*

Q. En qui Dieu a-t-il mis la même préoccupation de Paul pour vous?

R. *Dans le cœur de Tite (2 Cor. 8 :16)*

Q. Comment Tite vient-il vers vous?

R. *Avec beaucoup d'enthousiasme et de sa propre initiative (2 Cor. 8 :17)*

Q. Qui envoyons-nous avec Tite?

R. *Le frère dont la louange en ce qui concerne l'évangile est répandu dans toutes les églises (2 Cor. 8 :18)*

Q. Pourquoi le frère fut-il choisi par les églises?

R. *Pour être notre compagnon de voyage dans cette œuvre de bienfaisance(2 Cor. 8 :19)*

Q. Que voulons-nous éviter?

R. *Toute critique au sujet de cette abondante collecte (2 Cor. 8 :20)*

Q. Pourquoi nous donnons-nous tout ce mal?

R. *Afin de faire ce qui est juste, non seulement devant Dieu mais aussi devant les hommes (2 Cor. 8 :21)*

Q. Qu'est ce que note frères nous a-t-il prouvé à maintes reprises?

R. *Qu'il a du zèle (2 Cor. 8 :22)*

Q. Selon 2 Cor. 8 :23, qu'est ce qu'est Tite?

R. *L'associé de Paul et notre compagnon d'œuvre auprès de vous (2 Cor. 8 :23)*

Q. A qui devons-nous donner la preuve de notre charité et montrer qu'ils ont sujet de se glorifier de nous?

R. *A ces hommes 2 Cor. 8 :24)*

# 2 CORINTHIENS CHAPITRE 9

Q. A quel sujet est-il superflu pour Paul de vous écrire?

R. *Au sujet de l'assistance destinée aux saints (2 Cor. 9 :1)*

Q. Selon 2 Cor. 9 :2, que connaît Paul?

R. *Votre bonne volonté (2 Cor. 9 :2)*

Q. Qu'est ce qui ne doit pas être réduit à néant?

R. *L'éloge que nous avons fait de vous à ce sujet (2 Cor. 9 :3)*

Q. De quoi serions-nous honteux si n'importe quel Macédonien venait avec moi et vous trouvait non préparé?

R. *D'avoir été trop confiant à votre égard (2 Cor. 9 :4)*

Q. Comment votre libéralité déjà promise risque-t-elle de ne pas être prête?

R. *Il faut qu'elle soit une libéralité et non un acte d'avarice (2 Cor. 9 :5)*

Q. Selon 2 Cor. 9 :6, de quoi devrez-vous vous souvenir?

R. *Sachez-le, celui qui sème peu moissonnera peu et celui qui sème abondamment moissonnera abondamment (2 Cor. 9 :6)*

Q. Qu'est ce que chacun devrait donner?

R. *e qu'il a résolu dans son cœur (2 Cor. 9 :7)*

Q. De quoi Dieu peut-Il vous combler?

R. *De toutes sortes de grâces (2 Cor. 9 :8)*

Q. Qu'est ce qui subsiste à jamais?

R. *Sa justice (2 Cor. 9 :9)*

Q. Qui multipliera et fournira votre semence?

R. *Celui qui fournit de la semence au semeur et du pain pour sa nourriture (2 Cor. 9 :10)*

Q. Selon 2 Cor. 9 :11, comment serez-vous?

R. *Enrichis à tous égards (2 Cor. 9 :11)*

Q. Qu'est ce que le secours de cette assistance pourvoit-il?

R. *Il pourvoit aux besoins des saints (2 Cor. 9 :12)*

Q. Qu'est ce qui accompagne votre confession de l'évangile de Christ?

R. *L'obéissance (2 Cor. 9 :13)*

Q. Pourquoi leurs cœurs s'ouvriront-ils pour vous à travers leurs prières pour vous?

R. *A cause de la grâce éminente que Dieu vous a faite (2 Cor. 9 :14)*

Q. En 2 Cor. 9 qu'est ce qui est indescriptible?

R. *Le don de Dieu (2 Cor. 9 :15)*

## 2 CORINTHIENS CHAPITRE 10

Q. Question à double réponse : Comment est Paul lorsqu'il est face à face avec vous et comment est-il quand il est loin de vous?

R. *a) timide*
*b) plein d'hardiesse (2 Cor. 10 :1)*

Q. Avec qui Paul est-il plein d'hardiesse?

R. *Envers les gens qui pensent que nous marchons selon la chair (2 Cor. 9 :2)*

Q. Selon 2 Cor. 10 :3, où vivons-nous? Qu'est ce qui n'est pas les armes du monde?

R. *Les armes avec lesquelles nous combattons (2 Cor. 10 :4)*

Q. Pourquoi devons-nous rendre toute pensée captive?

R. *Afin de la rendre obéissante à Christ (2 Cor. 10 :5)*

Q. Où regardons-nous seulement?

R. *A l'apparence (2 Cor. 10 :6)*

Q. Que devons-nous reconsidérer si nous avons confiance d'appartenir à Christ?

R. *Que nous appartenons à Christ tout autant que lui (2 Cor. 10 :7)*

Q. Et si Paul se glorifie trop de l'autorité que le Seigneur nous a donnée pour votre édification et non pour votre destruction?

R. *Il n'en aura pas honte (2 Cor. 10 :8)*

Q. Selon 2 Cor. 10 :9, qu'est ce que Paul ne veut pas?

R. *De donner l'impression de vous faire peur dans ses lettres (2 Cor. 10 :9)*

Q. Qui dit que ses lettres sont sévères et fortes ; mais présent en personne il est faible et sa parole est méprisable?

R. *Quelques-uns (2 Cor. 10 :10)*

Q. Qui est ce qui n'impressionne pas quand il est là en personne?

R. *Paul (2 Cor. 10 :10)*

Q. Que serons-nous en actions quand nous serons présents?

R. *Ce que nous sommes dans nos lettres quand nous sommes absents (2 Cor. 10 :11)*

Q. Comment sont ceux qui s'égalent ou se comparent à quelques-uns de ceux qui se recommandent eux-mêmes?

R. *Ils manquent d'intelligence (2 Cor. 10 :12)*

Q. Selon 2 Cor. 10 :13, que ne ferons-nous pas?

R. *Nous glorifier hors de toute mesure (2 Cor. 10 :13)*

Q. Avec quoi sommes-nous arrivés aussi loin que vous?

R. *Avec l'évangile de Christ (2 Cor. 10 :14)*

Q. Au-delà de quoi n'allons-nous pas en nous vantant des œuvres accomplies par d'autres?

R. *au-delà de nos limites (2 Cor. 10 :15)*

Q. Quand est ce que nos limites d'activité autour de vous s'étendraient-elles?

R. *Au fur et à mesure que votre foi grandit (2 Cor. 10 :15)*

Q. Selon 2 Cor. 10:16, où pourrons-nous prêcher l'évangile?

R. *au-delà de chez vous (2 Cor. 10 :16)*

Q. Celui qui se glorifie, en qui devrait-il se glorifier?

R. *Dans le Seigneur (2 Cor. 10 :17)*

Q. Qui n'est pas approuvé?

R. *Celui qui se recommande lui-même (2 Cor. 10 :18)*

## 2 CORINTHIENS CHAPITRE 11

Q. Qui est ce qui supporte déjà la folie de Paul?

R. *Les Corinthiens (2 Cor. 11 :1)*

Q. Selon 2 Cor. 11 :2, à qui Paul vous a-t-il promis?

R. *A un seul époux, à Christ (2 Cor. 11 :2)*

Q. Par quoi Eve fut-elle séduit?

R. *Par la ruse du serpent (2 Cor. 11 :3)*

Q. Et si quelqu'un vient à vous prêchant un autre Jésus que le Jésus que nous vous avons prêché?

R. *Vous l'acceptez facilement (2 Cor. 11 :4)*

Q. Selon 2 Cor. 11 :5, qu'est ce que Paul ne pense pas?

R. *Qu'il n'a été inférieur en rien à ces apôtres par excellence (2 Cor. 11 :5)*

Q. A qui avons-nous rendu tout cela parfaitement clair?

R. *Aux Corinthiens (2 Cor. 11 :6)*

Q. Pourquoi Paul a-t-il dérobé d'autres églises en recevant d'elles un salaire?

R. *Afin de vous servir (2 Cor. 11 :8)*

Q. Qui a pourvu aux besoins de Paul?

R. *Les frères venus de la Macédoine (2 Cor. 11 :9)*

Q. Qu'est ce que personne des contrées d'Achaïe ne pourrait arrêter?

R. *Que Paul se vante (2 Cor. 11 :10)*

Q. Qui est ce qui agit et agira encore de la sorte afin d'ôter ce prétexte à ceux qui cherchent un prétexte afin qu'ils soient trouvés tels que lui dans les choses dont ils se glorifient?

R. *Paul (2 Cor. 11 :12)*

Q. Pour qui de tels hommes se font-ils passer?

R. *Pour des apôtres de Christ (2 Cor. 11 :13)*

Q. Qui se fait passer pour un ange de lumière?

R. *Satan lui-même (2 Cor. 11 :14)*

Q. Selon 2 Cor. 11 :15, qu'est ce qui ne surprend pas?

R. *Que les ministres de Satan aussi se déguisent en ministres de justice (2 Cor. 11 :15)*

Q. Qui doit recevoir Paul comme un insensé si on le considère comme un insensé?

R. *Les Corinthiens (2 Cor. 11 :16)*

Q. Qu'est ce que Paul ne dit pas selon le Seigneur mais comme folie?

R. *Sa trop grande assurance (2 Cor. 11 :17)*

Q. Selon 2 Cor. 11 :18, qu'est ce que Paul ferait aussi?

R. *Se vanter (2 Cor. 11 :18)*

Q. Qui supportez-vous volontiers si vous êtes si sages?

R. *Les insensés (2 Cor. 11 :19)*

Q. Qui supportez-vous?

R. *Quelqu'un qui les asservit, les dévore, s'empare d'eux, est arrogant, les frappe au visage (2 Cor. 11 :20)*

Q. De quoi Paul ose-t-il encore se glorifier?

R. *De ce que les autres peuvent oser (2 Cor. 11 :21)*

Q. Qui est descendant d'Abraham?

R. *Paul (2 Cor. 11 :22)*

Q. A quoi Paul a-t-il été exposé maintes et maintes fois?

R. *A la mort (2 Cor. 11 :23)*

Q. Qu'est ce que Paul a reçu cinq fois de la part des Juifs?

R. *Quarante coups moins un (2 Cor. 11 :24)*

Q. Où Paul a-t-il passé un jour et une nuit?

R. *En pleine mer (2 Cor. 11 :25)*

Q. Question à 4 parties : PAR QUI Paul a-t-il été en péril?

R. *a) les brigands*
*b) ses propres compatriotes*
*c) les païens*
*d) les faux frères (2 Cor. 11 :26)*

Q. Qui a eu froid et a été nu?

R. *Paul (2 Cor. 11 :27)*

Q. Quand Paul est-il assiégé par les soucis que lui donnent toutes les Eglises?

R. *Chaque jour (2 Cor. 11 :28)*

Q. De quoi Paul se glorifiera-t-il s'il doit se glorifier?

R. *Dans les choses qui exposent sa faiblesse (2 Cor. 11 :30)*

Q. Selon 2 Cor. 11 :31, qui doit être glorifié à jamais?

R. *Le Dieu et Père du Seigneur Jésus (2 Cor. 11 :31)*

Q. Qu'est ce que le gouverneur du roi Arétas faisait-il garder afin de se saisir de Paul?

R. *La ville des Damascéniens (2 Cor. 11 :32)*

Q. Dans quoi a-t-on descendu Paul le long de la muraille?

R. *Dans un panier (2 Cor. 11 :33)*

## 2 CORINTHIENS CHAPITRE 12

Q. Selon 2 Cor. 12 :1, à quoi Paul va-t-il revenir?

R. *A des visions et les révélations du Seigneur (2 Cor. 12 :1)*

Q. Qu'y a-t-il à y gagner?

R. *Rien (2 Cor. 12 :1)*

Q. Quand est ce qu'un homme en Christ fut-il enlevé dans le paradis?

R. *Il y a quatorze ans (2 Cor. 12 :2)*

Q. Et cet homme qui fut enlevé au paradis, qu'entendit-il?

R. *Des paroles ineffables qu-il n'est pas permis à un homme d'exprimer (2 Cor. 12 :4)*

Q. Selon 2 Cor. 12 :5, de qui Paul va-t-il se vanter?

R. *D'un tel homme (2 Cor. 12 :5)*

Q. Si Paul choisit de se vanter pourquoi ne serait-il pas considéré comme insensé?

R. *Car il parlerait dans la vérité (2 Cor. 12 :5)*

Q. Qui eut une écharde dans la chair?

R. *Paul (2 Cor. 12 :7)*

Q. Qu'est ce qui fut considéré comme messager de Satan?

R. *L'écharde dans la chair de Paul (2 Cor. 12 :7)*

Q. Avec qui Paul plaida-t-il trois fois afin que cette écharde lui fut enlevée?

R. *Avec le Seigneur (2 Cor. 12 :8)*

Q. Qu'est ce qui est rendu parfait dans la faiblesse,

R. *La puissance du Seigneur (2 Cor. 12 :9)*

Q. De quoi Paul va-t-il se vanter lus allègrement?

R. *De ses faiblesses (2 Cor. 12 :9)*

Q. Quand est ce que Paul est fort?

R. *Quand il est faible (2 Cor. 12 :10)*

Q. A qui Paul n'est-il pas le moindre inférieur même s'il n'est rien?

R. *Aux apôtres par excellence (2 Cor. 12 :11)*

Q. Qui a poussé Paul à se comporter en insensé?

R. *Les Corinthiens (2 Cor. 12 :11)*

Q. Quelles choses peuvent marquer un apôtre?

R. *Des signes, des prodiges et des miracles (2 Cor. 12 :12)*

Q. Selon 2 Cor. 12 :13, que devrez-vous pardonner à Paul?

R. *Le fait qu'il ne leur ait jamais été à charge (2 Cor. 12 :13)*

Q. Qui ne devrait pas avoir à amasser pour leurs parents?

R. *Les enfants (2 Cor. 12 :14)*

Q. Pourquoi Paul ne serait-il pas un fardeau pour vous?

R. *Parce que ce qu'il veut c'est vous, et non vos possessions (2 Cor. 12 :14)*

Q. Qu'est ce Paul dépenserait volontiers pour vous?

R. *Tout ce qu'il possède (2 Cor. 12 :15)*

Q. Et si Paul vous aime plus?

R. *Est ce que vous l'aimerez moins (2 Cor. 12 :15)*

Q. Comment Paul vous a-t-il eu?

R. *Par ruse (2 Cor. 12 :16)*

Q. Dans 2 Cor. 12 qu'avons-nous suivi?

R. *Le même parcours (2 Cor. 12 :18)*

Q. Selon 2 Cor. 12 :19, quel est le but de tout ce que nous faisons?

R. *Votre édification (2 Cor. 12 :19)*

Q. Comment Paul vous trouvera-t-il quand il vient?

R. *Tel qu'il veut que vous soyez (2 Cor. 12 :20)*

Q. Devant qui le Dieu de Paul l'humiliera-t-il?

R. *Les Corinthiens (2 Cor. 12 :21)*

## 2 CORINTHIENS CHAPITRE 13

Q. Comment toute affaire se réglera-t-elle?

R. *Sur la déclaration de deux ou de trois témoins (2 Cor. 13 :1)*

Q. Qu'est ce que Paul vous a déjà donné lors de son passage parmi vous la dernière fois?

R. *Un avertissement (2 Cor. 13 :2)*

Q. Que cherchez-vous?

R. *La preuve que Dieu parle à travers Paul (2 Cor. 13 :3)*

Q. En 2 Cor. 13 qui parle à travers Paul?

R. *Christ (2 Cor. 13 :3)*

Q. Qui est puissant parmi vous?

R. *Christ (2 Cor. 13 :3)*

Q. Selon 2 Cor. 13 :4 par quoi Christ vit-il?

R. *Par la puissance de Dieu (2 Cor. 13 :4)*

Q. Par quoi vivrons-nous avec Christ pour vous servir?

R. *Par la puissance de Dieu (2 Cor. 13 :4)*

Q. Pourquoi devez-vous vous examiner?

R. *Pour voir si vous êtes dans la foi (2 Cor. 13 :5)*

Q. Qu'est ce que Paul espère que vous découvrirez?

R. *Que nous ne sommes pas réprouvés (2 Cor. 13 :6)*

Q. Selon 2 Cor. 13 :7 à quoi avons-nous résisté?

R. *A l'épreuve (2 Cor. 13 :7)*

Q. Au nom de quoi pouvons-nous toute chose?

R. *La vérité (2 Cor. 13 :8)*

Q. Selon 2 Cor. 13 :9 qu'est ce qui est pour votre perfectionnement?

R. *Notre prière (2 Cor. 13 :9)*

Q. Pour quoi Paul écrit-il ces choses pendant son absence?

R. *Afin qu'il n'ait pas à user de rigueur selon l'autorité que le Seigneur lui a donné (2 Cor. 13 :10)*

Q. Dans quel but Dieu a-t-il donné de l'autorité à Paul?

R. *Pour votre édification (2 Cor. 13 :10)*

Q. Qui devrait rester dans un seul esprit?

R. *Les Corinthiens (2 Cor. 13 :11)*

Q. Comment devez-vous vous saluer les uns les autres?

R. *Par un saint baiser (2 Cor. 13 :12)*

Q. Selon 2 Cor. 13 :13 qu'est ce que tous les saints envoient?

R. *Leurs salutations (2 Cor. 13 :13)*

# FICHE DE CONTROLE - CONCOURS BIBLIQUE POUR JEUNES

TOUR _____     DATE _____     GAGNANT _____

**Equipe:**

| NO. | Participant | 1 | 2 | 3 | 4 | 5 | 6 | 7 | 8 | 9 | 10 | 11 | 12 | 13 | 14 | 15 | 16 | 17 | 18 | 19 | 20 | Prolongation | TOTAL | TOTAL FAUTES |
|-----|-------------|---|---|---|---|---|---|---|---|---|----|----|----|----|----|----|----|----|----|----|----|----|----|----|
| 1 | | | | | | | | | | | | | | | | | | | | | | | | |
| 2 | | | | | | | | | | | | | | | | | | | | | | | | |
| 3 | | | | | | | | | | | | | | | | | | | | | | | | |
| 4 | | | | | | | | | | | | | | | | | | | | | | | | |
| R | | | | | | | | | | | | | | | | | | | | | | | | |
| BONUS | | | | | | | | | | | | | | | | | | | | | | | | |
| Progression des resultats | | | | | | | | | | | | | | | | | | | | | | | | |

Pénalité : -10 points par

**Equipe:**

| NO. | Participant | 1 | 2 | 3 | 4 | 5 | 6 | 7 | 8 | 9 | 10 | 11 | 12 | 13 | 14 | 15 | 16 | 17 | 18 | 19 | 20 | Prolongation | TOTAL | TOTAL FAUTES |
|-----|-------------|---|---|---|---|---|---|---|---|---|----|----|----|----|----|----|----|----|----|----|----|----|----|----|
| 1 | | | | | | | | | | | | | | | | | | | | | | | | |
| 2 | | | | | | | | | | | | | | | | | | | | | | | | |
| 3 | | | | | | | | | | | | | | | | | | | | | | | | |
| 4 | | | | | | | | | | | | | | | | | | | | | | | | |
| R | | | | | | | | | | | | | | | | | | | | | | | | |
| BONUS | | | | | | | | | | | | | | | | | | | | | | | | |
| Progression des resultats | | | | | | | | | | | | | | | | | | | | | | | | |

Pénalité : 10-pt par erreurs

20 pts pour une réponse correcte

10 points pour une réponse correcte à une question bonus

10 points pour 3e, 4e et 5e concurrent qui répond correctement

10 points pour cinq réponses correctes, sans fautes.

-10 poits (pénalité) pour 3 erreurs/fautes

-10 points (pénalité) pour chaque erreur après seizième question

www.ingramcontent.com/pod-product-compliance
Lightning Source LLC
Chambersburg PA
CBHW081540040426
42448CB00015B/3162